Nemetschek

Zur Hoffnung befreit

MONIKA NEMETSCHEK

Zur Hoffnung befreit

Christsein als neue Lebensdimension

TYROLIA-VERLAG
INNSBRUCK-WIEN-MÜNCHEN

2. Auflage
6.–10. Tausend

ISBN 3-7022-1315-5
1979

Satz, Druck und Buchbinderarbeit
in der Verlagsanstalt Tyrolia
Gesellschaft m.b.H., Innsbruck

Inhalt

Vorwort

Haben Sie eigentlich schon Feuer gefangen? Sind Sie schon in Brand geraten in Ihrem Christsein?
Wie sagt doch Jesus: „Feuer auf die Erde zu werfen, bin ich gekommen, und was wünsche ich mehr, als daß es brenne!"
In wem sonst soll es brennen, wenn nicht in uns, die wir seinen Namen tragen; ist es doch unsere Aufgabe, andere in Brand zu stecken.
Blickt man allerdings in die Christenheit hinein, scheint nicht viel Feuer da zu sein. Ob wir nicht eher dürftigen Funzeln gleichen oder glimmenden Dochten als loderndem Feuer?
Am Ende stimmt etwas nicht mit unserem Christsein? Irgendwo hat sich ein Fehler eingeschlichen. Vielleicht können wir ihn mitsammen suchen, ihm mitsammen auf die Spur kommen.
Schauen wir einmal näher hin, worin Christentum eigentlich besteht, wie es sich ereignet oder ereignen könnte. Dabei müßte uns auch der Fehler ins Auge springen. Einmal erkannt, könnten wir ihn ausmerzen, entfernen – wie man abgebrannte Dochtreste entfernt, Staubteilchen fortnimmt aus dem Wachs der Kerze, damit sie gereinigt, sich wieder ungehindert verzehrt in reinem, klarem Licht, das die Finsternis vertreibt.
Es ist Absicht dieses Buches, Sie Feuer fangen zu lassen; Sie für das Christsein neu oder wieder zu erwärmen.
Es möchte zündender Funke sein, der in Brand steckt;
Wind, der ein verglimmendes Feuer entfacht;

Fackel, die ein erloschenes Feuer neu entzündet.
So richtet sich dieses Buch an alle, die mit der Verwirklichung ihres Christseins unzufrieden sind, die es dichter realisieren, zündender leben möchten;
an alle, die einmal begonnen haben, Jesus Christus nachzufolgen und dabei vielleicht müde geworden sind;
an alle, die nach Jesus Christus fragen, sich nach ihm ausstrecken, ob sie ihm schon begegnet sind oder nicht.
Eines allerdings muß vorweg gesagt werden: Wer keine „Antenne" für diese Gedankengänge besitzt, wer die „Wellenlänge des Heiligen Geistes" nicht eingeschaltet hat, bei dem wird es zu keinem „Empfang", bestenfalls zu einem gestörten kommen. Er wird lesen und doch nicht verstehen. Es wird ihm ergehen wie einem Blinden, der von Farben sprechen hört; wie einem Tauben, dem man zu einem Konzert mitgenommen hat.
Für alle jedoch, die offenen, bereiten Herzens um eine Verdichtung ihres Christseins bemüht sind, wollen die im Buch entworfenen Gedanken Anstoß zum Weiterdenken, Anregung zum Weitersuchen, Handreichung auf dem Weg sein.
Nicht jeder wird sich mit allem identifizieren können; ergreifen Sie das, was Sie anspricht, und lassen Sie sich davon anregen.
Es ist nicht meine Absicht, sämtliche Heilstatsachen und Glaubensinhalte darzustellen; ich habe mich bewußt beschränkt, gleichsam um den „Scheinwerfer" einmal mehr hierhin, einmal mehr dorthin zu lenken; daß manches dabei gar nicht zur Sprache kommt, läßt sich nicht vermeiden.
Es geht mir in den folgenden Überlegungen auch keineswegs um dogmatische oder exegetische Endformulierungen, sondern eher um entsprechende Impulse.

Nicht als Fachtheologe habe ich dieses Buch geschrieben, sondern als Christ, der mit Ihnen unterwegs ist und das „Talent“ des Christseins vollends zur Entfaltung bringen möchte.

Wollen wir uns miteinander vom Heiligen Geist entzünden lassen – er ist es nämlich, der wie Feuer wirkt –, damit wir als solche, die Feuer gefangen haben, andere erwärmen und glaubhafter Zeugnis geben von Gott und seiner Liebe in unserer Welt und unserer Zeit.

Monika Nemetschek

Gottes Initiative – unsere Antwort

Wollen wir mitsammen das, was Christentum ausmacht, ins Auge fassen, und die Fundamente, auf denen unsere christliche Lebens- und Weltsicht beruht, ein wenig hinterfragen.
Man hört heute gelegentlich Behauptungen wie: „Das Christentum hat versagt, die Menschheit wird sich nach einer neuen tragenden Idee umsehen müssen."
Wer so spricht hat vom Wesen des Christlichen kaum etwas begriffen. Er ist einem grundlegenden Irrtum oder einer äußerst oberflächlichen Betrachtungsweise verfallen. Er tut so, als wäre das Christentum eine von Menschen erdachte Weltanschauung oder ein von Menschen ersonnenes Konzept zur Bewältigung des Lebens.
Dem ist nicht so. Das, was Christentum ausmacht, konnten sich Menschen nicht ausdenken! Sie konnten es nicht einmal in kühnsten Träumen ersinnen, denn kein Mensch hätte Gott zu dem bestimmen oder bewegen können, was er tatsächlich für die Menschheit unternimmt.

Jesus Christus, die Initiative Gottes

Das Einzigartige, Großartige im Christentum liegt darin, daß Gott selbst die Initiative ergreift. Gott geht, sich erschließend, sich mitteilend auf den Menschen zu. Vom Menschen ist dabei zunächst nicht mehr und nicht weniger gefordert als die Bereitschaft, für Gott aufzugehen, auf Gott einzugehen.

Gott spricht in Jesus Christus sein *Wort* in die Welt herein und ruft uns auf zur *Antwort.*
Gott macht uns in Jesus Christus sein *Angebot* und erwartet unsere *Nachfrage.*
Gott stellt uns in der Inkarnation sein *Agieren* für diese Welt vor Augen und fordert von uns das entsprechende *Reagieren.*
In dieser Wechselbeziehung zwischen Gott und Menschen in Wort und Antwort, Angebot und Nachfrage, Agieren und Reagieren ereignet sich christlicher Lebensvollzug, realisiert sich Christentum.
Im Christentum ist nicht rein innerweltlich etwas in Bewegung geraten, sondern der wesenhaft transzendente Gott kommt innerweltlich zur Darstellung. Damit geschieht *Veränderung.* Eine Chance wird geboten, ein Aufbruch und Ausbruch wird möglich. Nicht die Menschheit kocht ihr „Süppchen" und verbessert es durch einige Zutaten, die keinen Nährwert haben, und verhungert schließlich doch. Gott bietet die „Speise", eine „Kraftnahrung". Der Mensch kann sie annehmen oder nicht. Nimmt er an, erhält er eine *Kraft,* die Leben gibt und Überleben möglich macht.
Nicht die Menschheit, die im Finstern tappt, entzündet ihre selbstgebastelten Lichter, um sich schließlich dennoch zu verirren, sondern Gott selbst wird zum *„Lichteinfall"* und macht dem Tappen im Dunkel ein Ende.
Nun könnte jemand einwenden: Ich sehe nichts von Veränderung, alles ist beim alten geblieben; ich spüre keine Kraft, ich bin kraftlos wie ehedem; ich merke keinen Lichteinfall, ich tappe nach wie vor im Dunkel!
Wenn dem so ist, dann stimmt irgendetwas nicht!
Hat uns Gottes *Wort* nicht erreicht? Ist sein *Angebot* für uns nicht offenbar, sein *Agieren* an uns nicht wirksam geworden?

Wie Kinder der Wohlstandsgesellschaft

Am Ende gleichen wir Kindern der Wohlstandsgesellschaft? Sie sind ob der Fülle des Angebotes übersatt und strecken sich nach nichts mehr aus. Es fällt ihnen ja alles in den Schoß. Sie hören nicht mehr das wegweisende Wort, weil sie selbst dauernd den Mund offen haben und nicht mehr zuhören können. Sie schätzen nicht die Tat der andern um ihretwillen, weil ihre Gedanken nur um sie selber kreisen.

Kurz, man hat ihnen zu viel geboten und sie haben sich daran gewöhnt. Ihr Reichtum ist ihnen zur Gewohnheit geworden.
Ob es uns nicht Gott gegenüber ähnlich ergeht?
Sein *Wort* hören wir nicht mehr, einerseits, weil wir selber zu viele Worte machen – auch um sein Wort herum; andererseits, weil wir zwar hören, jedoch die Fähigkeit zu horchen verlernt haben. So sitzen wir sonntags in der Kirche und hören Gottes Wort; hören und verstehen es doch nicht, weil wir nicht horchen können und weil wir glauben, es schon oft genug gehört und längst verstanden zu haben. Daher werden wir von seinem Wort nicht getroffen. Es geht an uns vorbei.

Sein *Angebot* ist für uns zur Gewohnheit geworden. Wir registrieren es kaum mehr. Wir sind satt, wir sind abgestumpft.
Das *Agieren* Gottes bewegt uns weiter nicht, weil wir zu sehr mit uns selbst beschäftigt sind. Wir haben schließlich unsere Pläne zu realisieren. Während wir uns einreden, das Weltengagement als Christen wahrzunehmen, leben wir am Eigentlichen vorbei, weil wir uns und unser Tun überschätzen und die Tat Gottes nicht ernst nehmen.

Das Agieren Gottes geht uns nicht auf, weil wir zu sehr mit uns selbst beschäftigt sind.

Fast scheint es ein Nachteil zu sein, daß wir uns als Christen vorgefunden haben in der Welt. Das Liebesangebot Gottes ist uns in die Wiege gelegt worden. Wir haben uns danach nicht ausstrecken müssen, es war schon vorgegeben, als Vorschuß gleichsam; einem Sparbuch ähnlich mit hohen Einlagen, das man einem neugeborenen Erdenbürger als Mitgift anlegt. Eine solche Mitgift kann zum Vorteil, unter Umständen aber auch zum Nachteil werden; es kommt darauf an, was das Kind, groß geworden, daraus macht. Es kann die Mitgift verschwenden, verspielen, verschenken. Es kann sie als Sprungbrett gebrauchen, um für sich oder andere eine Existenz aufzubauen.
Die Mitgift als solche ist kein Nachteil, nur will sie sorgsam verwaltet werden. Zunächst von den Eltern, schließlich vom mündig gewordenen Kind selber. Mitgift ist demnach Gabe und Aufgabe, Geschenk und Gefahr.
Einer solchen Mitgift vergleichbar ist das Christsein, das den meisten von uns in die Wiege gelegt wurde.
Entscheidend für uns ist jetzt, daß wir diese „Mitgift“ wie eine Chance ergreifen, wie ein Talent entfalten, damit der Reichtum, der uns ohne unser Zutun geschenkt wurde, zur vollen Entfaltung gebracht werde.
Dieser Reichtum ist Gottes Wort, sein Angebot, sein Agieren. Vielleicht müssen wir uns neu darauf besinnen, uns neu dessen bewußt werden. Offenbar haben wir diesbezüglich manches aufzuarbeiten. Wenn es gelingt, dann könnte die *Veränderung*, die durch Gottes Initiative begonnen hat, auch in unserer Zeit deutlich werden; dann könnte die *Kraft*, die durch Gottes Zuwendung wirksam geworden ist, auch in unserem Leben spürbar werden; dann könnte der

Lichteinfall, der durch die Menschwerdung Gottes geschenkt ist, auch unser Tappen im Dunkel beenden. Dann schließlich würde uns beglückt aufgehen, daß der Christ wirklich „zur Hoffnung befreit" ist, daß Christsein ein „Mehr an Lebensqualität" bedeutet.
Wie jedoch dahin kommen?

Alles auf eine Karte setzen

Wenn unsere Antwort, unsere Nachfrage, unser Reagieren der zuvorkommenden Initiative Gottes entsprechen soll, dann müssen wir sozusagen „alles auf eine Karte setzen", dann müssen wir mit ganzem Einsatz spielen. Und genau da fehlt es! Weil wir nur halbe Sachen machen, werden wir auch nicht ganz froh dabei! Weil unser Einsatz zu gering ist, darum „springt auch so wenig heraus"!
Wir gleichen einem, der im knöcheltiefen Wasser oder in der Badewanne das Schwimmen versucht. Es kann ihm nicht gelingen. Erst wenn er sich wirklich ins Wasser wagt, sich dem Wasser ausliefert, und mit beiden Beinen vom Boden abhebt, wird er zu schwimmen beginnen und die Erfahrung machen, daß das Wasser trägt.
Als Christen sind wir eingeladen, den „Boden" zu verlassen. Wir können getrost „abheben" und uns tragen lassen; wissen wir doch: „In ihm leben wir, bewegen wir uns und sind wir!" (Apg 17,28).
Eigentlich müßten wir besonders gute „Schwimmer" sein; wir müßten auch das „Rettungsschwimmen" beherrschen, das heißt, die Hände schwimmend frei haben, damit wir sie nach beiden Seiten Hilfsbedürftigen hinstrecken können.
Ich fürchte nur, daß die Wirklichkeit anders aussieht. Es scheint, daß sich ein nicht kleiner Teil von uns Christen

im seichten Ufergewässer des Christseins tummelt, einzig damit beschäftigt, ein wenig herumzupritscheln.
Wir machen Schwimmbewegungen mit den Händen und einem Bein, tun so „als ob", wagen es jedoch nicht, den Boden zu verlassen. Gelegentlich tappen wir mit der Fußsohle aufs Wasser, um festzustellen – was sich eben auf diese Weise nicht feststellen läßt –, daß das Wasser gar nicht trägt! Vorsichtig, wie wir sind, bleiben wir am Ufer und erfahren vielleicht nie, worin Christsein eigentlich besteht. Die wahre Dimension bleibt uns verschlossen, die Erlösung wird an uns nicht wirksam, die Befreiung zur Hoffnung bleibt aus.
Das Schlimme daran ist, daß wir gerufen sind, anderen glauben zu machen, daß „das Wasser trägt". Und dabei glauben wir selbst nicht recht daran.
So werden wir zu Schwimmlehrern, die selbst des Schwimmens unkundig sind; zu Blinden, die Blinde führen; zum Salz, das seine Würze verliert; zum Baum, der keine Frucht bringt.
Aber der Herr ist geduldig und langmütig, vielleicht schenkt er uns noch eine Weile und hilft uns, das Schwimmen zu wagen, die Binde von den Augen zu nehmen, die Würze zurückzugewinnen, Frucht anzusetzen.
Wir sind einander wohl auch dazu gegeben, uns gegenseitig Mut zu machen. Jener, der erfahren hat, daß „das Wasser trägt", mag seine Erfahrung andern mitteilen, ihnen zur Ermutigung und zum Ansporn.

Der Gott der Überraschungen

Es geht beim Leben des Christen um ein höchst dynamisches Zusammenwirken von Gott und Mensch. So, als

hinge alles vom Menschen und seinem Einsatz ab und gleichzeitig so, als läge alles einzig an Gott.
Praktisch heißt das: alles einsetzen und sich alles erwarten!
Dieses Zusammenspiel von göttlicher Initiative und menschlichem Engagement schenkt ein Maximum an Wirksamkeit in Zuversicht und Gelassenheit. Denn wenn wir menschlich alles getan haben und anstehen, dann vermag Gott ein Tor dort aufzutun, wo wir gar keines vermuten.
Die Schrift führt uns immer wieder einen Gott der Überraschungen vor Augen. Einen Gott, der einen zaudernden, des Redens nicht Gewaltigen mutig und beredt macht; einen Gott, der der Unfruchtbaren ein Kind schenkt; einen Gott, der Leben dort ermöglicht, wo Tod und Untergang besiegelt scheinen.
Das ist der Gott, den uns die Schriften des Alten und Neuen Bundes vor Augen stellen. Jesus Christus selber ist Bestätigung und Erfüllung dessen; er ist *die* Überraschung Gottes für die Menschheit.
Wirklich, Gott ist ein Gott des Unmöglichen! Das gibt uns die Berechtigung, auch für uns Überraschungen zu erwarten, Wendungen zu erhoffen und vom guten Ausgang überzeugt zu sein.
An den Gott der Überraschungen glauben, macht frei und froh; sich dem Gott der Überraschungen überlassen, macht gelassen.
Offenbar ist diese Art von Glauben dem Menschen von heute – sofern eine solche Verallgemeinerung zulässig ist – fremd geworden. Wir sind gewohnt, uns auf die Erkenntnisse der Naturwissenschaften zu stützen und von der Technik Wunderdinge zu erwarten. So setzen wir unsere Hoffnung auf hier und jetzt und erfahren eine Erfüllung, die dem Hier und Jetzt gemäß ist.
Wir sind in Gefahr, an Gottes Wirken und seiner Heils-

mächtigkeit vorbeizuleben, zumal wir dessen auch nur in dem Maß gewahr werden, als wir dafür offen sind, es erwarten, ersehnen, erhoffen.
Gott kann uns seine Gaben nur in den „Krügen unserer Sehnsucht“ schenken. Wir haben diese Krüge bereitzustellen, der Herr selbst wird sie füllen. An uns liegt es, die Größe der Gefäße zu bestimmen. Wer einen Fingerhut aufstellt, wird ihn gefüllt bekommen; ebenso jener, der ein Faß aufstellt.
Warum entscheiden wir uns eigentlich nicht gleich für ein ganzes Schwimmbassin? Wir dürfen unverschämt sein in unserer Erwartung! Gott macht das für uns möglich, was wir ihm zutrauen. Lassen wir uns also überraschen!
Wenn wir aufhören mit unserer vorläufigen *Antwort*, unserer nur gelegentlichen *Nachfrage* und unserem *Reagieren* nur anläßlich der „heiligen Zeiten“, werden wir tatsächlich überrascht sein von der Freude und Fülle, die auf einmal in unser Leben kommt.

Der Mensch – gerufen zum Ja-Sagen

Ob heute in unseren Breiten ein Kind zur Welt kommt oder nicht, hängt ab von der Entscheidung seiner Eltern. Sagen sie ja zu diesem Kind, ermöglichen sie damit sein Leben. Dieses Ja der Eltern, in dem sie Dasein und Sosein des Kindes annehmen, stellt gleichzeitig auch die Bedingung dar, durch die eine gesunde Entfaltung gewährleistet wird. Das Ja ist Lebensermöglichung und Entwicklungshilfe.
Man weiß heute nur zu gut, wie sehr ein Mensch die Erfahrung des Bejahtseins am Anfang seines Lebens braucht. Sie ist die vielleicht bedeutendste Mitgift der Eltern, ermöglichen sie doch damit ihrem Kind, sich selbst anzunehmen und zu bejahen. Von dieser Fähigkeit des Menschen hängt sehr viel ab, denn der Mensch ist geschaffen zum Ja-Sagen.

Ja ist Zustimmung

Ja ist Zustimmung, es bewirkt Einklang, Harmonie; es ist das Einschwingen in einen vorgegebenen Rhythmus.
Das Ja hebt die Dissonanz auf, löst die Spannung, beseitigt den Krampf.
Mit dem Ja beginnt die Lösung.
Ja-Sagen heißt sich abstimmen auf die unabänderlichen Gegebenheiten des Augenblicks. Das Ja läßt die Unstimmigkeit zur Stimmigkeit werden. Eine Folge davon ist, daß sich die Stimmung hebt.
Der Vergleich mit einem Saiteninstrument drängt sich auf:

Wenn es verstimmt ist, bedarf es einer neuen Stimmung, wobei die Saiten aufeinander und auf die andern Instrumente abgestimmt werden. Erst diese Abstimmung führt zu jenem Einklang, der den Vielklang der Instrumente zum Wohlklang macht.
Unsere jeweilige Stimmung stammt aus dem Ab- oder Nicht-ab-Gestimmtsein auf unabänderliche Gegebenheiten. Erst wenn der Mensch seine Zustimmung gibt, kommt er zum Frieden, zur Zufriedenheit.
Im Ja leben heißt ausgesöhnt sein, in Einklang, in Harmonie sein. Wobei das Ja auf vielfältige Weise täglich neu formuliert werden muß. Die letzte und höchste Stimmigkeit, die denkbar ist, nennen wir Himmel. Der Mensch, der zum Ja geworden ist, hat Himmel. Er ist totale Zustimmung, weil er im Lichte der Liebe Gottes schaut, daß nunmehr alles stimmt. In dieser letzten Übereinstimmung mit dem Willen Gottes – sie wird in Tod und Auferstehung erreicht – gibt es keinen Stimmungswechsel mehr, jetzt stimmt die Stimmung. Im ewigen Jetzt der Vollendung ist der Mensch – selbst zum Ja geworden – endgültig aufgehoben im Ja Gottes zum einzelnen und zur gesamten Menschheit.
Und dazu ist der Mensch berufen.

Das Ja zu sich selbst und seinem Gewordensein

Der Mensch ist geschaffen zum Ja-Sagen. Niemand kann auf Dauer in der Verneinung leben. Im Widerspruch leben reibt auf und zerstört. Wer ständig im Widerspruch mit sich selbst, seiner Mit- und Umwelt lebt, macht sich kaputt.
Es gibt nicht wenige Menschen, die mit sich selbst entzweit als Zerrissene, Zerfallene vegetieren. Mehr oder weniger bewußt verschließen sie die Augen vor der eigenen Reali-

tät und leben in einer Scheinwelt, die sie sich mühsam aufbauen. Ein solches Leben verläuft unproduktiv, bleibt steril, wird doch die ganze Kraft und Energie dafür aufgewendet, auf der Flucht vor dem wirklichen Sein dem Schein nachzujagen. Damit wird der Mensch seiner Lebensaufgabe nicht gerecht. Selbstwerdung, Selbstauszeugung sind dem einzelnen aufgegeben. Jeder hat seine Einzigartigkeit, seine Individualität auszufalten als seinen Beitrag zum Aufbau des Ganzen. Dabei stellen sich uns zahlreiche Hindernisse in den Weg.

Jeder von uns ist ein Gewordener, geprägt von den Erfahrungen des Lebens, das bereits hinter ihm liegt. Es hat seine Spuren hinterlassen und wir sind von diesen Spuren gezeichnet. Es gibt wohl keinen Menschen, der einzig von positiven, also glückhaften Erfahrungen geprägt wäre. Jedem von uns sind Verletzungen zugefügt worden in der Vergangenheit, die nicht ganz geheilt sind. Dementsprechend schaut unser Gang durch die Zeit aus: Wir gleichen Menschen, die beide Hände dazu brauchen, ihre eigenen Wunden zu pflegen; die voll damit beschäftigt sind, einen Fuß vor den andern zu setzen, um nicht zu straucheln; die so beladen sind, daß sie nur mühsam vorankommen.

Dabei schauen wir ständig auf andere, die anscheinend weniger Verletzungen erlitten haben, die leichtfüßiger ihres Weges gehen und wohl auch – so sind wir überzeugt – weniger Lasten zu tragen haben. Neidvoll blicken wir auf sie und vergleichen unser Los mit dem ihren. Ja, wären wir an ihrer Stelle, wirklich, wir hätten auch etwas gemacht aus unserem Leben, aber so, mit dieser Behinderung!

Und wir finden die eigenen Wunden besonders tief, den eigenen Weg besonders beschwerlich und die uns auferlegte Last besonders bedrückend.

Diese Art, unser eigenes Geschick an dem der andern zu

messen, macht müde und verdrossen. Noch dazu urteilen wir ja stets von außen – wir können gar nichts anders – und werden dem wahren Sachverhalt gar nicht gerecht! So verzeichnen wir unsere und der andern wirkliche Situation, zumal erschwerend noch hinzukommt, daß wir das, was die andern haben, selbst auch möchten und dabei das aus dem Blick verlieren, was wir tatsächlich besitzen.

Und dabei sollten wir als Menschen, die Christen sind, unseres Weges gehen mit offenen Händen, um die Wunden anderer zu heilen; mit leichtem Schritt, um Tappenden den Weg vorzuspuren; mit b(e)reiten Schultern, um die Lasten anderer aufzunehmen.

Wie aber soll das gelingen?

Wir müssen uns zum Ja bereitfinden. Wir müssen versuchen, uns auszusöhnen mit unserem Gewordensein: mit den vielleicht schlechten Startbedingungen in dieses Leben, etwa als unwillkommenes Kind, als lästiger Nachzügler. Wir müssen versuchen uns auszusöhnen mit den Grundgestalten: Vater, Mutter, Bruder, Schwester, Mann, Frau, Tochter, Sohn.

Es ist jedoch nicht leicht, ja zu sagen zu einer egoistischen Mutter, der Herzlichkeit und liebende Anteilnahme am Geschick des Kindes fremd sind; zu einem Vater, den man kaum zu Gesicht bekommt oder mit dem ein Gespräch einfach unmöglich ist, weil er immer recht hat. Es ist nicht leicht zuzustimmen, wenn man von den Geschwistern nur ausgenützt wurde, gerade gut genug, um die alten Eltern zu betreuen; wenn eine Ehe, die hoffnungsvoll begann, durch einen Krieg grausam zerstört wurde, weil der Mann, den man geliebt, nicht mehr nach Hause kam.

Es ist überaus schwer, sich abzufinden mit dem frühen Tod eines geliebten Sohnes oder den Irrwegen einer Tochter, die

allen guten Ratschlägen zum Trotz drauf und dran ist, sich das Leben zu ruinieren.
Gewiß, man wird alles nur mögliche unternehmen, eine gegebene Situation zum Bessern zu verändern. Dort aber, wo wir hart auf das Unabänderliche stoßen, müssen wir uns zum Ja durchringen.
Es gilt, sozusagen das Stück „Stoff", das die Realität unseres konkreten Lebens bedeutet und das wir zugeteilt bekamen, zu ergreifen und das Bestmögliche daraus zu „schneidern". Dabei hilft es nicht weiter, auf den andern zu blicken, der ein anscheinend größeres oder qualitativ wertvolleres Stück bekommen hat; aus dem uns Übergebenen haben wir etwas zu schaffen, nicht aus dem der andern! Überdies – ein mit Mühe und Schick geschneidertes Kleid aus Jute kann weitaus hübscher sein als ein Kleid aus reiner Seide, das in Unverstand und Verbitterung verdorben wurde.

Ja-Sagen löst und erlöst

Daß das Ja der Zustimmung den Krampf löst und Gelassenheit schenkt, haben wir alle in verschiedenen Alltagssituationen schon erfahren.
Denken Sie etwa an den Bus oder Zug, der einem vor der Nase davonfährt – Aufregung und Ärger bringen ihn nicht zurück! Denken Sie an den unerwarteten, ungelegenen Besuch – sich jetzt dauernd vor Augen stellen, wie schön und gemütlich der Abend geworden wäre, wenn nicht . . ., verschlimmert die Situation nur! Denken Sie an eine Störung durch anhaltenden Lärm, der sich nicht abstellen läßt und dem man nicht entfliehen kann – wenn man sich nun ständig vorsagt, der Lärm macht mich wahnsinnig, lange halte ich ihn nicht mehr aus –, dann macht man sich selbst wahnsinnig, noch bevor der Lärm gesundheitsschädigend wirkt.

Oder denken Sie an eine Situation, in der man mit andern zusammen zum Warten verurteilt ist – durch dauerndes Meckern und Schimpfen, gespanntes Auf- und Ablaufen und gereizte Bemerkungen wird die Wartezeit gewiß nicht kürzer, wohl aber die Atmosphäre schlechter.
Manche Menschen entwickeln geradezu ein Talent darin, sich ständig an dem zu reiben, was nun einmal nicht zu ändern ist und daher angenommen und durchgetragen werden muß. Überdies ist es unklug, einen solchen Tatbestand stets neu aufzugreifen und zu beklagen. Es kostet Nervenkraft und verdirbt die Laune.
Es stimmt, der Mensch ist zum Ja-Sagen gerufen. Indem er es versucht, geht er gleichsam ein auf das, was quersteht, was widersteht. Dabei legt sich ein Teil des Widerstandes, die Behinderung verliert etwas vom schmerzenden Stachel.
Wahrscheinlich werden wir ein ganzes Leben lang brauchen, um das Ja-Sagen zu erlernen. Man muß es einüben an den vielen kleinen Dingen und Ereignissen des Alltags, die sich als Störung, Erschwernis oder Belästigung erweisen, die angenommen werden müssen, weil man sie nicht abstellen und ihnen nicht ausweichen kann.
Ist ein erlittener Verlust jedoch zu herb, ein zugefügtes Leid über die Maßen schmerzlich oder eine auferlegte Last schier zu schwer, wird der Mensch wohl erst in einem jahrelang dauernden Prozeß in das Ja hineinreifen.
Dieses Ja allerdings unterscheidet sich wesentlich vom resignierenden, müden: Da kann man halt nichts machen. Allzu leicht ist der Mensch in Gefahr auf einen Schicksalsschlag mit Resignation und Lethargie zu antworten. Dann läßt er sich treiben, erlahmt und findet schließlich keinen Sinn mehr im Leben.
Anders dort, wo sich jemand zum Ja durchgerungen hat.

In der Zustimmung kehrt ihm nach und nach die Tatkraft wieder und neue Freude läßt ihn aufleben.
Zustimmung ist allerdings mehr als nur vergessen, etwa im Sinne von „glücklich ist, wer vergißt!" – es gibt Geschehnisse, die der Mensch eben nicht und niemals vergessen kann, es sei denn, er verdrängt sie. Aber das bringt ihn nicht voran, denn die Verdrängung wird ihm über das Unter- und Unbewußte ihre Streiche spielen. Darum hilft wegschauen nicht, anschauen muß man das Unabänderliche, sich ihm stellen, sich darauf einstellen – das heißt ja sagen.
An der Gottesmutter wird für uns deutlich, welche religiöse Dimension das Ja eines Menschen hat. Maria hat nicht nur ja gesagt, sie ist zum Ja vor Gott geworden, in einer letzten Verfügbarkeit. Darum hat Gottes Sohn in ihr und durch sie Gestalt annehmen können. Sie hat die Menschwerdung Gottes durch ihre Zustimmung sozusagen möglich gemacht.
In dem Maß, als Gott uns zum Ja bereit findet, ermöglichen auch wir sein machtvolles Wirken in uns und durch uns.

Das Ja zum Augenblick

Dazu gehört auch das Ja zum Augenblick. Dieses Ja zu sprechen und dem Anspruch des Augenblicks gerecht zu werden, ist gar nicht so einfach.
Oft eilen wir ihm voraus, zumal uns das Künftige verlockender dünkt, oder wir starren wie gebannt nach vorne, weil das Kommende beängstigend seine Schatten vorauswirft. Dabei verlieren wir das Jetzt aus dem Blick. Wir verlegen es in eine Zukunft, die noch verborgen ist und quälen uns nicht selten mit besorgten Gedanken ob des Kommenden. Und schließlich kommt alles ganz anders. Geben wir es auf,

künftige Eventualitäten im Geiste durchzuspielen, es bringt nichts!
Wir müssen lernen, den Tag zu leben, weil jeder Tag seiner Last genug hat, und am Tag wiederum das jeweilige Jetzt.

So leben Kinder in sorgloser Unbekümmertheit. Aufgrund ihres Kindseins sind sie ganz und gar dem Jetzt hingegeben. Diese Haltung läßt sie das Glück des Augenblicks voll auskosten. Als Erwachsene verlieren wir diese Fähigkeit im Laufe unseres Lebens.
Ob nicht auch hier das Wort Jesu seine Gültigkeit hat: „Wenn ihr nicht werdet wie die Kinder!"

Der Jugendliche lebt vornehmlich in der Zukunft. Ihm vergeht die Zeit zu wenig rasch, er treibt sie voran. Ungestüm drängt er dem Erwachsensein entgegen. Mit allen Fasern streckt er sich aus nach dem, was vor ihm liegt. Er eilt der Zeit voraus.
Anders der alternde Mensch. Er kehrt zurück an die Schauplätze längst verflossener Ereignisse. Er kostet das Glück von damals noch einmal aus und verweilt in der Vergangenheit, vielleicht um dem Druck der Gegenwart zu entfliehen.
Gewiß, wir dürfen bisweilen in der Vorwegnahme künftiger Freuden ein noch ausstehendes Glück genießen; wir dürfen rückblickend vergangene schöne Stunden in der Erinnerung festhalten; aber wir sollen dabei nicht dem Jetzt ausweichen. Gott und sein Wille für uns begegnen uns allein im Augenblick und dem haben wir in erster Linie gerecht zu werden. Ihm müssen wir uns stellen mit ganzer Bereitschaft, Aufmerksamkeit und Kraft.
Oft duldet der Auftrag des Augenblicks kein Abschweifen, weder in die Zukunft noch in die Vergangenheit.
Überdies birgt der Augenblick das gegenwärtige und nicht selten auch einen Teil des künftigen Glückes in sich.

Denken Sie etwa an einen Fußballspieler, der ganz konzentriert ist auf den Vorgang am Spielfeld, ganz bereit, den nächsten Paß aufzunehmen. In einer solchen Gesammeltheit im Jetzt kann ein Tor glücken. Wäre derselbe Spieler hingegen damit beschäftigt, Strategien für die zweite Halbzeit auszuklügeln, so verspielte er wohl die erste. Vielleicht wäre der Verlust so hoch, daß auch das schön ausgedachte Konzept nichts mehr nützt.
In Übereinstimmung mit dem Glück, aber auch mit der Last des Augenblicks, sollen wir unseres Weges gehen in dem Wissen, daß der Herr, der für heute sorgt, es auch für morgen so halten wird.
Gott ist immer der Schenkende, jedoch gibt er nie auf Vorrat.

So fanden die Israeliten in der Wüste das Manna stets nur für den einen Tag. Wer ängstlich besorgt oder gierig mehr als die Tagesration einsammelte, dem verfaulte sie und wurde ungenießbar.
Im Vater unser heißt uns Jesus um das tägliche Brot zu bitten, nicht um Brot für morgen oder übermorgen.
Schließlich gab er zum Abschied seinen Jüngern kaum Weisungen. Er sagte ihnen auch nicht, wie sie sich in etwaigen Situationen verhalten sollten, indes er bemerkte: „In jener Stunde wird es euch gegeben werden."

Darauf dürfen auch wir uns verlassen. „Kommt Zeit, kommt Rat", pflegen wir zu sagen, und es hat seine Richtigkeit. Das meint auch Jesus, wenn er uns rät: „Seid nicht ängstlich besorgt . . ."
Für den nächsten Augenblick mit seiner Last und Forderung kommt auch die notwendige Kraft, sie zu tragen, ihr zu entsprechen.
Haben wir nicht oft rückblickend gestaunt, wie wir in Be-

lastungssituationen zurechtgekommen sind? Hätten wir im vorhinein gewußt, was auf uns zukommen wird, wir wären verzagt gewesen und hätten uns nicht hinausgesehen. Wir alle haben die Erfahrung gemacht, daß in einer außergewöhnlichen Lage auch außergewöhnliche Kräfte verfügbar werden.

So sollen wir nicht bekümmert zurückschauen, um Gewesenes wieder und wieder abzuwägen; noch sollen wir ängstlich nach vorne starren, um Künftiges abzuschätzen. Einzig im Augenblick liegt unsere Aufgabe. Sie gilt es zu sehen, zu bejahen und durchzuführen: gesammelt, aber nicht gespannt; entschieden, jedoch ohne Härte; ernst, aber nicht humorlos!

So müssen wir das Ja-Sagen lernen im Leben, bis uns schließlich im Tod ein letztes, entscheidendes Ja abverlangt wird.

Wer bei Kübler-Ross (vgl. Interview mit Sterbenden, u. a.) nachliest, wird entdecken, daß der Mensch nach und nach auch ins Ja zum Tod, in die Hingabe an das Unabänderliche hineinwächst.

Hingabe an den Tod ist für den Christen Hingabe an den auferstandenen Herrn, der den Tod überwunden hat und daher das zurückschenken kann, was in viele einzelne Ja während des Lebens hineingestorben ist. So birgt jedes Ja zu einem Verlust, das wir im Leben sprechen, in sich schon den Keim der Hoffnung auf den Gewinn des Verlorenen.

Begegnung mit Gott – Aufbruch in eine neue Seinsweise

Der Mensch lebt aus der Begegnung und auf die Begegnung hin. In der Begegnung ereignet sich das eigentlich Schöpferische.
Denken wir nur an die liebende Begegnung zwischen Mann und Frau. Aus ihr wächst das Kind als greifbar gewordenes Zeichen der liebenden Wechselbeziehung der Eltern.
Dieses Kind kann sich nur entfalten, wenn bergende Arme es an der Schwelle in dieses Leben herein empfangen.
Nur wenn es angelacht wird, wird es zum Lächeln erwachen; nur wenn es angesprochen wird, wird es zur Antwort fähig werden; nur wenn es geliebt wird, kann es liebend aufbrechen und beginnen, ein Mensch zu werden.

Begegnung als „Entwicklungshilfe"

Dieses Angebot einer liebenden Begegnung ist die Bedingung für die gesunde Entwicklung eines Menschen. Ist sie nicht gewährleistet, kann sich das Kind nicht *entwickeln,* es muß sich – auf sich selbst verwiesen – *„verwickeln"*, es bleibt *unentwickelt* oder *unterentwickelt.*
Ob es deshalb so viele „schief Gewickelte" gibt?
Das Wickelkind ist lebensnotwendig darauf angewiesen, nicht nur in Windeln, sondern in Liebe *eingewickelt* zu sein und immer wieder in Liebe *ausgewickelt* zu werden.
(Übrigens gibt es Menschen, die Zeit ihres Lebens irgendeinen „Wickel" haben und nie mit sich und den andern ins

Reine kommen. Aber selbst für diese verspäteten „Wickelkinder“ liegt in der Begegnung immer neu die Chance, sich dennoch „herauszuwickeln“.)

Die erste Entfaltung eines Kindes geschieht somit in der lebensermöglichenden Begegnung mit der Mutter.

In der Folge wird der Vater zur weiteren Schlüsselfigur lebensspendender Begegnung. Wenn das Kind sich verlassend fallen lassen kann in die ausgebreiteten Arme eines Vaters, wird es später anderen bergend seine Arme entgegenstrecken können; wenn es seine Hand vertrauensvoll in die Hand eines Sicherheit gewährenden Vaters legen kann, vermag es später hilfreich seine Hand anderen anzubieten.

Es hat durch die Begegnung gelernt, sich zu lassen, zu verlassen; so kann es gelassen bleiben und braucht nicht zu klammern. Das ist gut, denn wer begegnungsfähig sein soll, muß die Hände frei haben und das Herz! Und das will gelernt sein, wohl von klein auf!

In der Begegnung mit den Eltern bahnt sich erste Selbstfindung an – schrittweise, zögernd, gleichsam tappend.

Ein weiterer entscheidender Schritt in Richtung Selbstfindung geschieht später in der Freundschaft und in der Partnerschaft. Immer ist es ein Aus-sich-Heraustreten, ein Sich-Aussetzen und ein neues In-sich-Zurückkehren, Sich-Finden.

In dieser Dialektik entfaltet sich der Mensch, wird er zu dem, der er sein soll.

Und Gott selbst ist in jeder Begegnung mit am Werk. Während wir Menschen begegnen, begegnen wir Gott, wenngleich das, was sich in der letzten Begegnung mit Gott ereignen wird, stets nur in Andeutung, gleichsam ahnungsweise vorhanden ist.

Jede Begegnung ist Wesens-, das ist Seinsmitteilung. Immer leitet sie eine neue Weise zu sein ein. Sie wirkt wandelnd und

verwandelnd. Sie entläßt die einander Begegnenden nicht als dieselben. Aus der Begegnung wird der Mensch zur neuen Schöpfung. Bis er schließlich in der letzten, unverhüllten Begegnung mit Gott zur vollen Entfaltung und reifen Auszeugung seiner selbst kommt.
Diese letzte, beglückendste und bleibende aller Begegnungen heißen wir Himmel.
Für diese Begegnung sind wir geschaffen, sie erst bringt uns das, was wir ein Leben lang in jeder menschlichen Begegnung ersehnt haben und zu finden glaubten. Solange diese letzte und beglückendste Begegnung aussteht, bleibt jede Begegnung „ein Versprechen, das sich nicht erfüllt", wenngleich es stets ein Ahnen von der Erfüllung aufkeimen läßt.

Begegnung als Berührung

Begegnung ist Berührung und birgt in sich wandelnde Kraft. So schafft sie stets einen neuen Anfang, leitet eine neue Phase ein. Sie läßt dort Aufbruch entstehen, wo alles brach liegt; stößt dort ein Tor auf, wo alles verschlossen ist; läßt dort eine neue Weise zu sein möglich werden, wo das Ende besiegelt scheint.
Das Märchen veranschaulicht diesen Tatbestand am deutlichsten. Da ist einer, verwunschen in ein Tier, erstarrt in todesähnlichem Schlummer – erlösungsbedürftig – da kommt ein anderer, er neigt sich dem Verwunschenen, Erstarrten zu, rührt ihn an, berührt ihn – im Märchen ist dies im Kuß angedeutet –, und dieser Kuß bringt Lösung, Erlösung. Die Tierhaut platzt und heraus steigt der neue Mensch; die todesähnliche Erstarrung löst sich, und für den Erstarrten bricht eine neue Weise zu sein an.
Das, was unzählige Märchen uns vor Augen führen, hat sich im tiefsten in der Menschwerdung Gottes ereignet.

Wenn Gott in Jesus Christus die Welt berührt, anrührt, dann hätte eigentlich die Tierhaut der Menschheit platzen müssen! Aber sie scheint verdammt dick zu sein! Dann hätten wir aus dem Schlaf erwachen müssen, aber er scheint sehr tief zu sein.
Nicht von ungefähr hören wir alljährlich im Advent den Mahnruf: „Es ist Zeit, vom Schlafe aufzustehen!"
Lösende, erlösende Berührung ist uns also in der Inkarnation geschenkt. Aber gehört dieses Ereignis nicht doch der Vergangenheit an? Ist es nicht fast 2000 Jahre her, seit sich diese „Berührung" ereignet hat? Ein historisches Faktum also, das man ad acta legen kann mit den Worten: „Es war einmal"? Nein! Seit Gott in Jesus Christus diese Welt berührt hat, läßt er sie nie mehr los. Seine lösende, erlösende Geste ist Gegenwart und Wirklichkeit für jeden, der – wann und wo immer – sich verlangend danach ausstreckt.
Eine große Zahl von Perikopen spricht davon in beredter Sprache:
In Jesus Christus begegnet Gott den Menschen und jeder dieser Begegnungen wohnt wandelnde Kraft inne.
Nicht jedes Mal geschieht die Begegnung mit dem Herrn in der gleichen Weise. Manchmal gipfelt sie in der Berührung, die lösend und erlösend ist:

> „Da traten Blinde zu ihm . . . Jesus *berührte* ihre Augen . . . Da öffneten sich ihre Augen" (Mt 9, 28).
>
> „Die Schwiegermutter des Simon lag an Fieber darnieder . . . er *nahm sie bei der Hand* . . . da verließ sie das Fieber und sie bediente sie" (Mk 1, 30).
>
> „Als die Sonne unterging, brachten sie alle Kranken zu ihm und er *legte einem jeden die Hände auf* und heilte sie" (Lk 4, 40).
>
> „Ein Aussätziger bat ihn: ‚Herr, wenn du willst, kannst du mich rein machen!' Er *streckte seine Hand* aus und

rührte ihn an ... sogleich wich der Aussatz von ihm" (Lk 5, 13).

Eines gilt für jede dieser Begegnungen: Die *Berührung* markiert einen neuen Aufbruch, leitet einen neuen Lebensabschnitt ein, wandelt die Situation – von Unheil in Heil, von Traurigkeit in Freude, von Bedrückung in Beglückung.

Gelegentlich gibt der Herr auch eine Anordnung:

„Geht und zeigt euch den Priestern!" (Lk 17, 14)
„Weine nicht!" (Lk 7, 13)
„Jüngling, ich sage dir, steh auf!" (Lk 7, 14)
„Wirf deine Netze aus!" (Lk 5, 4)
„Füllt die Krüge!" (Joh 2, 7)
„Steh auf, nimm dein Bett und geh!" (Joh 5, 8)
„Lazarus, komm heraus!" (Joh 11, 43)

In jeder Anordnung, die der Herr gibt, kündigt sich Veränderung an, die geschehen wird. Seine *Anordnung* birgt in sich eine *Neuordnung* im Sinne einer neuen Zukunft, die ungeahnte, unerwartete Möglichkeiten eröffnet.

Und immer ereignet sich im Endeffekt das gleiche – es geschieht Veränderung, Wandlung.

Leben und Sterben – Stationen unserer Umwandlung

Wandlung ist ein Grundprinzip menschlichen Lebens. Wir müssen gewandelt werden:

vom alten Menschen in den neuen;
von der alten Schöpfung in die neue;
vom fleischlich Gesinnten in den geistig Gesinnten;
vom Sterblichen in den Unsterblichen.

Wir sind auf Wandlung angelegt und angewiesen. Während wir uns beständig wandeln, reifen wir der endgültigen Gestalt, der bleibenden Seinsweise entgegen.

Marc Oraison (Zwang oder Liebe, S. 103) hat wohl recht,

wenn er sagt: „Immer muß etwas sterben, damit das Leben tiefer triumphiert." Aus dieser Schau wird das Sterben zur Ermöglichung einer neuen und dichteren Weise zu sein und zu leben.
Haben wir das nicht alle wiederholt an uns selbst erfahren? Wie oft sind wir schon hineingestorben in eine Situation, um aus ihr gewandelt und geläutert herauszutreten. Und der schmerzliche Verlust erwies sich – manchmal wohl erst nach geraumer Zeit – als unerwarteter Gewinn.
Es stimmt, immer muß der Mensch etwas auslassen, loslassen, will er Neues gewinnen.
Deutlich wird das am Werden eines Kindes. Es verläßt den bergenden Mutterschoß, um in eine relative Selbständigkeit hineinzuwachsen. Schmerzlich zunächst, doch notwendig, weil lebensermöglichend! Später verläßt es den Sicherheit gewährenden Schoß der Familie, um sein Leben aufzubauen. Wieder schmerzlich, doch ebenso notwendig, weil aufs neue sinngebend, erfüllend, lebenssteigernd.
Wie oft sind wir nicht schon hineingestorben in eine Beziehung, die uns genommen wurde; in einen Plan, der nicht aufging; in eine Erwartung, die nicht Wirklichkeit wurde?
Der Tod vieler Hoffnungen säumt den Lebensweg jedes Menschen, jedoch nicht ohne neue und sich erfüllende Hoffnungen zu schenken. Wir leben und sterben einer größeren Seinsdichte, Seinsfülle entgegen!
So sind wir mitten im Leben vom Sterben umgeben und mitten im Sterben vom Leben umfangen.
Es ist uns wohl aufgegeben, Leben und Sterben unter dem Aspekt der Wandlung, in der Tod und Geburt gleichermaßen geschehen, zu sehen und zu deuten.
Wie heißt es doch in der Präfation der Totenmesse: „Deinen Gläubigen, o Herr, wird das Leben nicht genommen, nur gewandelt."

Der Blick in die Natur könnte uns dienlich sein, menschliches Leben und Sterben so zu begreifen.
Wernher von Braun meinte in diesem Zusammenhang einmal, für ihn sei es undenkbar, daß mit dem Tod das Leben des Menschen zu Ende sei. Nirgends in der Natur ist Ende, wohl aber überall Wandlung und Umwandlung. Keine Materie und keine Energie geht verloren und der Mensch soll verloren gehen? Für Wernher von Braun ist dieser Gedanke aus der Sicht der Naturwissenschaft absurd.
Leben und Sterben sind Stationen unserer Umwandlung; aufs engste mitsammen verknüpft, untrennbar, sodaß das eine das andere in sich trägt, das eine die Frucht des andern wird; wobei das Leben immer stärker ist als der Tod. Genauso wie das Licht stets über die Finsternis triumphiert, das Glück über das Leid siegt, der Unsinn im Sinn aufgehoben werden muß.
Daß es so ist und sein muß, spüren wir alle. Die letzte und gültige Zusicherung, daß es sich wirklich so verhält, haben wir von Jesus Christus selber.
In jeder Begegnung geschehen Absterben und Aufleben, Tod und Auferstehung in einer vorläufigen Weise, die Endgültiges vorweg andeutet und verheißt. Während des ganzen Lebens „stirbt“ der Mensch in die Begegnung hinein, um aus ihr heraus zu neuem Leben zu erwachen.
Von dieser Überlegung aus ergibt sich eine nicht uninteressante Sicht des Todes.

Der Tod als lebensspendende Begegnung mit Gott

Schauen wir in diesem Zusammenhang auf Tod und Auferstehung dessen, der uns als Modell geschenkt ist: Jesus Christus.

In der uferlosen Verlassenheit seines Sterbens – sie mag sich ausdrücken im Gebet: „Mein Gott, warum hast du mich verlassen" – läßt sich Jesus fallen, nicht ins Leere, sondern in die Hände des Vaters. „Vater, in deine Hände empfehle ich mein Leben." Und aus den Händen des Vaters empfängt Jesus, das Leben lassend, sein Leben neu. In der Begegnung mit dem Vater ist das Schöpferische so total, die Macht der Liebe so stark, daß der Sterbende zum Lebenden, der Tote zum Auferweckten werden muß.

Führen wir diese Gedanken auf uns bezogen konsequent weiter, zeigt sich der Tod als dichteste Begegnung mit Gott, in der der Mensch im Lichte Gottes sich selbst erkennend, endlich ganz er selber wird.

In dieser Begegnung des Menschen mit Gott im Tod wird der endliche Mensch vom unendlichen Gott berührt, dabei platzt das letzte Stück Tierhaut, löst sich der letzte Rest der Erstarrung. Der nunmehr voll Erlöste erfährt sich in die bleibende, endgültige Seinsweise hineingewandelt.

Diese erste vollpersonale Begegnung mit Gott im Tod ist im Vollsinn seinsstiftende, lebensspendende Wandlung; sie ist Neugestaltung, Neuschöpfung. Auf sie hin ist der Mensch ein Leben lang unterwegs; in dieser letzten Begegnung, der die Dynamik eines ewigen Jetzt innewohnt, bleibt kein unerfüllter Rest, keine Leere. Sie ist das Versprechen, das sich erfüllt, Einlösung der Verheißung, die uns Gott in Jesus geschenkt hat.

Durch diese letzte aller Wandlungen hindurch wird der Mensch ganz der, der zu werden er berufen und ein ganzes Leben lang unterwegs war.

Diese letzte Wandlung soll uns endgültig – soweit dies überhaupt möglich ist – dem Bild des Sohnes gleichgestalten.

Glaube, der verwandelt

Wir leben unser Christentum zu sehr an der Oberfläche. Dieses verdünnte, saft- und kraftlose Christentum geben wir weiter und wundern uns, daß es zunehmend bedeutungsloser erscheint; offenbar deshalb, weil es zuwenig Auswirkungen zeitigt. Dabei besitzt es weltverwandelnde Kraft!

Schauen wir nur auf manche Epochen, in denen das christliche Denken, Leben und Lieben in der Tat ein Stück Welt zum Besseren umgestaltet haben.

Es ist nicht wahr, daß das Christentum in den vergangenen Jahrhunderten wirkungslos geblieben ist. Gewiß, es sind menschliche Entgleisungen passiert, manches ist fehlgelaufen und im Namen des dreifaltigen Gottes sind Dinge geschehen, die zu diesem Namen nicht passen. Das müssen wir offen zugeben. Nur sollen wir nicht dem Fehler verfallen, nur mehr in den dunklen Punkten christlicher Vergangenheit zu wühlen. Bei manchen Diskussionen hat man den Eindruck, als könnte man sich gar nicht genugtun im „Waschen der Schmutzwäsche"!

Verborgenes ans Licht bringen

Wenden wir uns besser dem Hier und Heute zu, und trachten wir auch hierin dem Anspruch des Augenblicks gerecht zu werden. Geben wir aus, mit vollen Händen und brennendem Herzen, was uns durch unseren *christlichen Glauben* überantwortet wurde.

Er ist wie ein Licht – wir müssen es ergreifen und in die Dunkelheit hineintragen.

Er ist wie eine heilkräftige Medizin – wir müssen sie „einnehmen“ und an andere weiterreichen.

Er ist wie eine sprudelnde Quelle – wir müssen sie auffangen, sammeln und weiterleiten.

„Wer an mich glaubt, dem gilt, was die Schrift gesagt hat: Aus seinem Inneren werden Ströme von lebendigem Wasser hervorfließen“ (Joh 7, 38).

Dieses Wort Jesu ist eine Verheißung, die wir einzuholen haben, die sich an uns verwirklichen will, denn die Welt dürstet! Der Christ sollte einem Brunnen vergleichbar sein, aus dem man dieses „lebendige Wasser“ schöpfen kann.

Ein Brunnen muß tief sein, damit er kühles, erquickendes Wasser spendet.

Er muß gespeist werden aus einer Quelle. Ihr Zustrom macht den Brunnen erst zu dem, was er ist.

Er muß aus sich schöpfen lassen, ohne jedoch ausgeschöpft zu werden.

(Wenn wir Christen oft einen erschöpften Eindruck machen, so vielleicht deshalb, weil wir zu wenig aus der Tiefe leben und der Zustrom aus der Quelle nicht recht klappt.)

Uns ist es allenfalls aufgegeben, Sammelbecken, Stausee der Liebe Gottes zu sein. Wir sollen die „Ströme des lebendigen Wassers“ in uns aufnehmen und nach allen Seiten hin sich ergießen lassen. Dann mag die „Wüste“ grünen, blühen und Frucht bringen. Wir sind für ihre „Bewässerung“ zuständig und verantwortlich!

Nur wenn wir die Botschaft des Herrn hören, davon betroffen sind und uns aufmachen, sie zu befolgen, werden wir unserem Weltauftrag gerecht.

Tun wir das nicht, gleichen wir einem versiegten Brunnen;

einem ausgetrockneten Flußbett; einer zur Wüste gewordenen Oase; einem fruchtbaren Land, das versteppt oder verkarstet ist.
Damit jedoch hätten wir unseren Auftrag verraten, unsere Funktion verloren.
Tendenzen in diese Richtung beginnen dort, wo wir an der Glaubensbotschaft herumtüfteln, um sie zu entschärfen, zu verharmlosen.
Dabei müssen wir zugestehen, daß die christliche Botschaft einer gewissen Schärfe nicht entbehrt und alles eher ist denn harmlos!
Wir haben die Botschaft wissenschaftlich etabliert. Dagegen wäre nichts einzuwenden, wohl aber dagegen, daß sie viel eingebüßt hat von ihrer Dynamik, ihrer sprudelnden Lebendigkeit, ihrer zeitlosen Aktualität.
Für viele ist sie nicht mehr in erster Linie Leben, sondern Lehre. Eine Lehre allerdings, die nicht vom Leben getragen wird, vom Leben belebt und beseelt ist, wird zur leeren Lehre. Diese wird dann eingereiht zu überholten, weil ausgehöhlten, antiquierten Weisheitslehren einer vergangenen Epoche. In diesem Sinne versteht sich wohl die eingangs zitierte Behauptung, das Christentum habe versagt, die Menschheit werde sich nach einer neuen tragenden Idee umsehen müssen.

Die Botschaft geht uns an

Wir hören oder lesen die Schrift – in Kenntnis der literarischen Gattung – jedoch in Unkenntnis darüber, daß *wir* gemeint sind, daß eben dieses Wort, diese Geste des Herrn uns angeht, unser Leben verändern will. Auch alles, was uns an dieser Botschaft in Erstaunen versetzt, tun wir mit der Bemerkung ab: Das war einmal, damals zur Zeit Jesu!

Aber gehören das Zeichen von Kana oder die Brotvermehrung wirklich der Vergangenheit an? Wollen sie nicht vielmehr für uns und unser Leben hier und heute belangvoll sein?

Die Hochzeit in Kana (Joh 2, 1–10)

In Kana hat der Herr uns ein deutliches und überaus tröstliches Zeichen gesetzt.
Doch betrachten wir erst einmal das Verhalten der Leute von Kana. Sie haben Jesus eingeladen. Er ist gekommen. Das gilt heute genauso. Laden wir ihn nur ein, wir werden beglückt erfahren – er kommt!
Weiters haben sie seine Anweisung befolgt. Sie mußte ihnen in der konkreten Situation gar nicht recht sinnvoll erschienen sein. Man brauchte schließlich Wein und was sollte man mit sechs Krügen voll Wasser?
Sie aber tun, was der Herr sie zu tun heißt; sie füllen die Krüge. Sie füllen sie mit dem, was sie eben haben und das ist Nutzwasser, nicht einmal Trinkwasser! Und der Herr nimmt ihren Anteil und schenkt den seinen. Er bewirkt Wandlung. Aus dem qualitativ Minderwertigen wird etwas qualitativ Hochwertiges; aus dem ungenießbaren Wasser wird bester Wein.
Machen auch wir unsere Krüge bereit und füllen wir „unser Wasser“ ein! Was sonst sollten wir einfüllen?
Die also gefüllten Krüge gilt es dem Herrn hinzuhalten, sie stehen für das, was wir zu leisten imstande sind. Und dann mag das Zeichen von Kana an uns geschehen. Der Herr wird uns und unsere Gabe wandeln, gleich wie armselig wir sind, gleich wie gering sie ist.
Unser wird die Überraschung sein! Dann können wir den Trunk der Freude und Kraft ausschenken.
Höchst aktuell, nicht wahr?

Die Brotvermehrung (Joh 6, 1–13)

Der Herr gibt den vielen zu essen, indem er von ihnen nimmt, was zu geben sie imstande sind. Es ist wenig: fünf Brote und zwei Fische. Er vermehrt die kleine Gabe und bewirkt, daß das, was vorher die Hände eines Kindes füllt, nunmehr die Hände von Tausenden füllt, ihren Magen sättigt und ihr Gemüt beglückt.

Dem Herrn angeboten wird das Wenige zur Fülle.

Als Christen sind wir insbesondere gerufen, den Hunger zu stillen. Und die Menschheit hungert nach Brot, Liebe, Anerkennung; nach einem guten Wort, einer helfenden Tat, einer liebenden Gebärde. Sie und ich, wir haben diese „Speise" zu reichen. Aber aus uns selbst haben wir nur wenig zu geben und daher gehen so viele leer aus. Sie gehen von uns hungernd, wie sie gekommen sind. Wir aber dürfen sie nicht so weggehen lassen, denn sie könnten unterwegs zusammenbrechen ... Wir wissen nur zu gut, daß das, was wir zu geben haben, hin und hin nicht ausreicht. Also resignieren wir müde. „Ich kann die Welt nicht retten", sagen wir – und „was nützt schon meine Hilfe, sie ist wie ein Tropfen auf einen heißen Stein!" Damit entschuldigen wir unsere Untätigkeit und in der Welt bleibt alles beim alten.

„Woher Brot kaufen für so viele?" haben die Apostel unbeholfen gefragt. Die Lösung lag auch damals nicht im Kaufen! Was jeder hat, das nehme er, halte es dem Herrn hin – bereit, es wegzuschenken – und in seinen Händen wird das wundersame Geschehen sich erneuern: Die kleine Gabe wird zur großen, das Wenige zur Fülle. Dann mag er austeilen!

Wie oft schon haben wir die Schriftstelle von der wunderbaren Brotvermehrung gehört! Lassen wir sie in unserem Leben neu geschehen, heute und morgen. Bieten wir dem Herrn unser „Brot" und unseren „Fisch" an. Den Men-

schen von damals gleich, werden wir voll Staunen und Freude gewahr werden, daß unser kleiner Beitrag mehr ist als wir meinen, wenn wir ihn nur dem Herrn hinhalten und Vermehrung erbitten!
Lassen wir daher nicht der Vergangenheit angehören, was zeitlose Gegenwart sein will. „Was damals ging, geht heute noch", heißt der Refrain eines modernen religiösen Liedes, das man so recht als Denkanstoß empfindet, wenn man es hört. Die Behauptung hat wohl ihre Richtigkeit. Kommen wir nicht alle aus der einen Taufe, gehören wir nicht alle dem einen Herrn, werden wir nicht alle von ein und demselben Geist beseelt und geführt?
Ich höre schon die Frage: Warum tut sich dann nichts von alledem, was damals geschah, heute?

Glauben heißt, dem Wirken Gottes Raum geben

Es tut sich tatsächlich allerhand, man muß nur Auge, Ohr und Herz aufmachen – ich denke an so viel echten Aufbruch gerade innerhalb der Jugend. Und zweitens haben wir wohl zuwenig *Glauben,* was mit ein Grund dafür ist, daß manches nicht geschehen *kann.*
Wir grenzen Gott dauernd ein. Wir pressen ihn in unsere Denkkategorien und legen ihn damit fest. Er „kann" nicht anders sein, sich nicht anders verhalten, als wir ihm zu sein vorschreiben.
Wir haben Gott Gewalt angetan, ihn vergewaltigt, statt ihn walten zu lassen! Ein Gott, der eingreift! Ein Gott, der heilt, heute! Undenkbar für viele unserer Zeitgenossen!
Damit fehlt es uns aber genau an jener Haltung, die Jesus stets fordert, ehe er eine Heilstat setzt: am Glauben!
Was wird uns doch berichtet von Jesu Auftreten in seiner

Heimatstadt? „Er konnte dort keine Wunder wirken wegen ihres Unglaubens" (Mt 13, 53–58).
Ob wir nicht den Zeitgenossen Jesu gleichen? Es wäre gefährlich, denn sie haben an Jesus vorbeigelebt! Seine Kraft und Liebe konnte an ihnen nicht wirksam werden, weil „nicht wahr sein kann, was nicht sein darf!"
Eigentlich erschreckend und erschütternd – an den Vorurteilen dieser Menschen mußte das Heilsangebot Gottes scheitern. Wie sehr Gott doch unsererseits das gläubig bereite Sich-Öffnen zur Ermöglichung seines Wirkens braucht. Gott achtet in der Tat die Freiheit und Würde der menschlichen Person! Auch dort, wo es um letzte Entscheidungen geht, nötigt und zwingt er niemals. Sein Angebot ist Einladung; liebevoll drängende Einladung. Annahme oder Ablehnung jedoch liegen einzig an uns.
Ob die Christenheit insgesamt das Heilsangebot des Herrn mit jener Ehrfurcht vor der persönlichen Freiheit, aber auch mit jenem Engagement, das einzig aus der Liebe stammt, an die Menschheit herangetragen hat?
Es ist also unser Glaube, der das Wirken Gottes wirksam werden läßt. Denken wir an das Wort Jesu: „Dem, der glaubt, ist alles möglich" (Mk 9, 23).
„Wenn euer Glaube auch nur so groß wie ein Senfkorn wäre und ihr zu diesem Berg sagen würdet: Rück von hier nach dort!, dann würde er wegrücken. Nichts wäre euch unmöglich" (Mt 17, 20f).
Zahlreiche ähnliche Schriftstellen ließen sich anfügen. Wir sind ihnen gegenüber manchmal unsicher und wissen sie nicht recht zu deuten.

Was ich nicht sehe, glaube ich nicht

Die Art und Weise der Erziehung und Bildung, die wir

erhalten haben und an unsere Kinder weitergeben, hindert geradezu die Entfaltung des Glaubens.
Eindeutig legen wir das Schwergewicht auf die Ratio. Das Meß-, Wäg-, Zählbare gilt uns alles, sind wir doch bestrebt, alles in den Griff zu bekommen.
Dabei sitzt uns die positivistische Denkhaltung viel tiefer als wir meinen. Immer und überall wollen wir Beweise. Nicht wenige unserer Zeitgenossen leben nach der Devise: „Was ich nicht sehe, glaube ich nicht."
Und sie werden sich dabei gar nicht bewußt, wie sehr sie sich selbst und ihre eigene, zwangsläufig begrenzte Sicht überschätzen.
Was wir wahrnehmen, scheint uns das Ganze zu sein. So erliegen wir beständig einem folgenschweren Irrtum. Indem wir unsere Teilansicht der Welt und des menschlichen Lebens für die Gesamtschau halten, verzeichnen und reduzieren wir die Wirklichkeit. Was wir für wahr halten, ist nur ein Ausschnitt des Wahren, was wir für wirklich erachten, ist nur ein Abschnitt des Wirklichen!
Immer wieder fallen wir auf unsere optischen und rationalen Täuschungen herein. Wie oft sind wir schon einer „Fata Morgana" aufgesessen und immer noch überschätzen wir uns und unsere Sicht.

Es geht uns so ähnlich wie dem Frosch in der folgenden Fabel:
Am kleinen Weiher im Wald saß der Frosch und quakte laut und vorwitzig. Da flog ein Vogel herzu und beide kamen in ein angeregtes Gespräch. „Ich kenne die Welt", meinte der Frosch weise. Der Vogel schüttelte den Kopf. „Du hast keine Ahnung", rief er, „die Welt ist groß und voller Geheimnisse!"
„Ich habe meine Erfahrung gemacht mit der Welt", sagte der

Frosch. „Ich habe sie durchschwommen und durchhüpft. Sie ist dunkel, kühl und schlüpfrig."

Der Vogel aber wußte, daß man nur aus Erfahrung klug wird, darum sprach er zum Frosch: „Komm, spring auf meinen Rücken, ich zeige dir die Welt!"

So tat denn auch der Frosch, widerwillig zwar, aber dennoch. Da erhob sich der Vogel und flog mit dem Frosch weit über den kleinen Weiher, weit über den kleinen Wald hinweg. Sie flogen über schneebedeckte Gipfel hoher Berge, über riesige Städte und große, glitzernde Gewässer . . .

Dem Frosch wurde ganz schwindlig. Er mußte die Augen schließen und war auf einmal quaklos geworden. Auch der Vogel schwieg. Er ahnte, was im Frosch vor sich ging.

Schließlich landeten sie wieder beim kleinen Weiher im kleinen Wald. Da saß nun benommen der quaklose Frosch.

„Leb wohl", sagte der Vogel und mußte sich ein Lächeln verbeißen, „und quak ein wenig bescheidener in Zukunft!"

Recht viel anders geht es auch dem Menschen nicht, zumal seine *Sicht* – bei ehrlicher und kritischer Betrachtung sich auch reichlich beschränkt erweist: Menschenperspektive!

Überlegen wir doch einmal: unsere *Ein-sicht* in diverse Zusammenhänge ist gering, unsere *Über-sicht* recht begrenzt, große Schwierigkeiten haben wir mit der *Vor-sicht*, *Nach-sicht* und *Rück-sicht!* Häufig lassen wir auch die *Umsicht* vermissen! Wirklich, wir sind Sichtbehinderte, immer haben wir nur eine *Teil-an-sicht!*

Was aber tut ein Sichtbehinderter, der sich seiner Behinderung bewußt ist? Er wird sich auf die Sicht eines anderen verlassen müssen. – So überantwortet sich der Sehbehinderte einem Blindenführer. Indem er sich führen läßt, macht er sich die Sicht seines Führers zu eigen und gewinnt eine neue Sicht, obwohl er selbst nicht sieht. Diese neue Weise einer Sicht kommt ihm durch das Vertrauen zu, das er dem

Führer schenkt. Die neue Sicht, die ihm dabei aufgeht, ist die *Zuver-sicht*.
Genauso verhält sich der Christ, der sich auf Jesus Christus verläßt. Er übernimmt im Glauben die Sicht Jesu, um zur Zuversicht zu kommen.
Wie aber in dieser Zuversicht verharren, wenn die „Wasser" der Bedrängnisse ans Leben gehen, wenn kein „Land" in Sicht ist und die „Wellen" sich türmen?

Der Gang Jesu auf dem Wasser (Mt 14, 22–33)

Wir brauchen nicht unbedingt bei Nacht ein Schiff zu besteigen und auf einen See hinauszufahren, um die Aussage der Perikope zu erfassen. Jeder weiß, wie es ist, wenn uns die Wasser ans Leben gehen, wir zu sinken drohen, der Untergang besiegelt scheint und es zu all dem noch Nacht geworden ist.
Für solche Grenzsituationen, wie jeder sie aus Erfahrung kennt, wird uns gezeigt: In Jesus ist uns einer geschenkt, der über den Wassern steht! Wer sich an ihn hält, ist gehalten!
Denn mag der Gegenwind heftig sein, das Wasser tief und verschlingend – wir können zwar sinken, nicht aber versinken; der Sturm wird uns hin- und herwerfen, nicht aber umwerfen; in Bedrängnisse werden wir kommen, nicht aber darin umkommen!
Das dunkle Wasser steht für jedwede Bedrohung – und es gibt ihrer so vielfache! Was fürchten und befürchten wir nicht alles. Und gar nicht zu Unrecht!
Für alles Dunkle, Gefährliche, Unberechenbare, Beängstigende, ja selbst für das Sterben gilt: Wer sich an Jesus Christus hält, ist gehalten; wer sich ihm überläßt, darf sich verlassen. Der Herr selbst wird ihn tragen, wenn nichts mehr trägt!

Durch dieses „Wissen“ ändert sich vieles!
In Jesus kommt Gott zu uns und offenbart uns sein Wesen und seine Ansichten. Der Name sagt es aus. Jesus heißt ja: „Gott rettet“.
Das Leben Jesu ist Realisierung und Dokumentation dieses Namens, der voll und ganz Wesensaussage ist. In Wort und Tat, Leben und Sterben holt Jesus seinen Namen ein, macht ihn zur gelebten Wirklichkeit.
So geht uns in Jesus die „Sonne“ der Liebe Gottes auf. Weil sie uns nie mehr untergehen kann, haben wir allen Grund, voll Hoffnung und Zuversicht zu leben.

Zur Hoffnung und Freude befähigt

Der Christ ist durch Jesus befähigt zur Hoffnung. Wo Hoffnung ist, kann Freude gedeihen. Sie soll das Kennzeichen des Christen sein; er müßte tatsächlich erlöster aussehen! Eigentlich verzeichnet der traurige Christ die christliche Botschaft und karikiert den Herrn. Wir haben keinen letzten Grund mehr zur Traurigkeit! Gewiß, augenblicksweise werden uns Traurigkeiten anfallen, in der lebendigen Konfrontation mit Jesus Christus, in der Sonne seiner Gegenwart werden die Schatten wieder schwinden.
Es gibt eigentlich nur zwei Ursachen für die zuständliche Traurigkeit eines Christen: Entweder ist er in seinem Personalgefüge krank, dann bedarf er der Hilfe, der Heilung. Liebende Zuwendung läßt manche Erkrankung heilen; der Krankheitskern schmilzt weg, wie der Schnee in der Frühlingssonne. So braucht der Kranke liebevolle Zuwendung und Begleitung; er braucht die Hilfe des Arztes oder des Therapeuten und das Gebet um Heilung.
Oder es ist ihm die christliche Botschaft zwar zu Ohren gekommen, aber nicht zu Herzen gedrungen. Das hieße, die

„Sonne der Liebe Gottes“ ist ihm noch nicht aufgegangen. Er sitzt demnach noch in „Dunkel und Todesschatten“. Wenn dem so ist, dann hat er allen Grund zur Traurigkeit. Ihm hilft wohl nur eine „Ansteckung“! Es muß zur „Übertragung“ kommen! Das geschieht auf der „Wellenlänge“ des Heiligen Geistes. Der vom Geist Gottes Belebte ist imstande, in der Kraft dieses Geistes, selbst Tote zum Leben zu erwecken und in Hoffnungslosigkeit und Traurigkeit Erstarrte aufzutauen.
Aber zurück zur Freude – sie müßte neben der Liebe das Erkennungszeichen des Christen sein. Dies vor allem deshalb, weil wir durch Jesus Christus Hoffnung haben und um den guten Ausgang wissen dürfen.
Wie aber soll ein Mensch beständig fröhlich sein können in dieser Welt, in der Schicksalsschläge, Katastrophen, unerwartete Krankheit und vieles mehr die Augenblicke der Freude beständig trüben oder gar nehmen?

In Lobpreis und Dank vor Gott bleiben

Ich halte dafür, daß unser Problem in erster Linie ein Glaubensproblem ist. Stünden wir nämlich fest im Glauben, wären wir in ihm festgewurzelt und gegründet, dann wären wir auch überzeugt, daß alles, wirklich *alles* zum vollkommenen Plan gehört, den Gott mit dieser Welt und jedem einzelnen von uns hat. Sogar alle sogenannten Negativa, mögen wir sie selbst verschuldet oder andere sie uns zugefügt haben, nimmt Gott hinein in diesen Plan. Wäre dieser Glaube in uns stark genug, könnten wir einfach in Dank und Lobpreis vor Gott bleiben, überzeugt von seiner liebevollen Führung, die auch „auf krummen Zeilen gerade schreiben“ kann.
Das meint wohl Paulus, wenn er sagt: „Freut euch im Herrn

zu jeder Zeit! Noch einmal sage ich: Freut euch! Eure Güte werde allen Menschen bekannt. Der Herr ist nahe! Sorgt euch um nichts, sondern bringt in jeder Lage betend und flehend eure Bitten mit Dank vor Gott! Und der Friede Gottes, der alle Vernunft übersteigt, wird eure Herzen und eure Gedanken in der Gemeinschaft mit Christus Jesus bewahren" (Phil 4, 4–7).

Es wäre eines Versuches wert: In Dank und Lobpreis vor und in Gott zu bleiben, in dem festen Glauben, daß er alles mit Liebe lenkt und mit Macht zum Guten wendet.

Eine solche Haltung würde uns froh und frei machen. Durch unser vertrauensvolles Loben und Danken gäben wir Gott die Möglichkeit, sein beabsichtigtes Wirken in uns und in den anderen vollends, das heißt ungehindert, zu entfalten. So könnte Gottes Kraft durch unser Vertrauen frei und wirksam werden.

Wenn wir zu dieser Haltung fähig sind, sind wir erlöst. Dann schwindet der Starrkrampf des Herzens, löst sich der Würgegriff der Angst, weicht die nervöse Gereiztheit.

Aber die Wirklichkeit unseres Lebens schaut anders aus!

Wie oft am Tag befallen uns Unmut, Erbitterung, Ärger, Ungeduld! Da kommt etwas ganz anders, als wir es erwartet und erhofft haben. Es scheint, als habe sich alles gegen uns verschworen!

Da meinen wir es bestens, und im Handumdrehen unterschiebt man uns häßliche, schäbige Absichten.

Da investieren wir Kraft, Zeit und Geld und anstatt Dank zu ernten, werden wir auf einmal gewahr, daß wir nur ausgenützt werden. Und da sollen wir in der Haltung dankbaren Lobpreisens bleiben? Das ist doch geradezu absurd, könnte man meinen und über diese Idee mißbilligend den Kopf schütteln.

Sie ist nicht absurd, wenn wir nur an Gottes guten Plan

glauben! Dann sind wir in jeder Situation fähig zu Dank und Preis. Die Folge davon wäre, daß sich an uns die Wellen der Erregung, der Gereiztheit, der Verärgerung glätten würden und der Friede Gottes, „der alles Begreifen übersteigt", uns erfüllen und von uns auf die anderen übergreifen könnte. Damit wäre die bleibende Freude, jene Freude, die aus der Tiefe stammt, unser, und wir könnten strahlender Zeugnis geben für Jesus Christus.

Diese Freude ist eine andere als jene, die uns gelegentlich geschenkt ist, wenn ein langgehegter Wunsch in Erfüllung geht, ein geliebter Mensch uns aufsucht, eine kniffelige Situation sich in Wohlgefallen auflöst. Solche gegenständliche Freude ist zwangsläufig vorübergehend. Von einem Tag zum andern, ja von einer Minute zur andern, kann sie durch eine unliebsame Überraschung ausgelöscht sein.

Die Freude, die uns in der Gemeinschaft mit Jesus zuteil wird, ist anderer Art: nicht gegenständlich, sondern zuständlich; nicht vorübergehend, sondern bleibend.

Im Laufe unseres Lebens sollte diese beständige Freude immer mehr zu unserer Grundbefindlichkeit werden. Sie wird zunehmen in dem Maß, als unser Glaube zunimmt, daß Gott uns liebt und alles zum besten fügen will, kann und wird. Auch die mißlichste Situation, in die wir uns selber oder in die andere uns gebracht haben, nützt Gott, um seinen guten Plan zur Durchführung zu bringen. Bitten wir, daß uns ein solcher Glaube geschenkt werde. Wir dürfen uns dabei an das Wort des Herrn aus den Abschiedsreden halten: „Amen, Amen, ich sage euch: Was ihr vom Vater erbitten werdet, das wird er euch geben, in meinem Namen. Bis jetzt habt ihr noch nichts in meinem Namen erbeten. Bittet, und ihr werdet empfangen, damit eure *Freude vollkommen* ist" (Joh 16, 23f).

Ende gut, alles gut

Wie oft fragen wir uns im Laufe des Lebens voll Sorge, ob dieses oder jenes Unterfangen wohl gut ausgehen wird. „Wenn ich wüßte", sagen wir. Tatsächlich haben zu allen Zeiten die Menschen versucht, Licht in das Dunkel der Zukunft zu bringen. Sie haben die Sterne befragt und Wahrsager aufgesucht. Sie wollten das Risiko verringern, auf „Nummer Sicher" gehen.
In Wahrheit ist unser ganzes Leben ein Risiko. Mit dem Geborenwerden ist die Möglichkeit des Sterbens schon miteinbeschlossen. Und wie nahe liegen doch Anfang und Ende in allem, was wir unternehmen!
Setzen wir uns in Bezug zum Sonnensystem, so erfahren wir uns als Eintagsfliege, dessen Existenz höchst fragwürdig erscheint. Woher angesichts des Aufleuchtens und Verlöschens der Gestirne und Welten Sicherheiten oder Garantien für diesen kleinen unscheinbaren Erdenbürger herleiten?
Was Wunder, daß wir Menschen Versicherungen abschließen und uns nach allen Seiten abzusichern trachten! Für den Fall eines schlechten Ausganges wollen wir wenigstens eine Entschädigung.

Die Frage nach dem Ausgang

Tatsächlich hängt für uns von der Antwort auf die Frage nach dem Ausgang alles ab. Wir halten den „Gang" nur

durch, wenn wir um den Aus-gang, den guten Ausgang wissen!
Verständlich, ein Gang ins Krankenhaus wäre halb so schlimm, könnte einem der Arzt versichern: „Nichts Bösartiges! Sie werden in kurzer Zeit wieder völlig hergestellt sein!"
Oder denken Sie an eine Expedition, die sich rüstet, unerforschte Gebiete zu entdecken. Was bedeutete es doch für den verantwortlichen Leiter und sämtliche Mitglieder, könnte ihnen jemand den guten Ausgang zusichern. Jeder Bedrohung und Gefährdung wäre die Spitze genommen.
Ebenso erlebt ein Kriegsgefangener die Belastung der Gefangenschaft nur mehr halb so drückend, wenn eine berechtigte, verbürgte Hoffnung auf baldige Entlassung und Heimkehr in Aussicht steht.
Oder stellen Sie sich vor, Sie befinden sich in einer Gondel, und zwischen „Himmel und Erde" bleibt das Ding auf einmal hin- und herpendelnd stecken. Schrecksekunden! Angstvolles Bangen! Wenn nun der Fahrtleiter mittels Telefon sagen läßt, es handle sich bloß um eine kleine Panne, die Gondel werde bald wieder flottgemacht sein und Sie werden heil im Tal ankommen – dann mag man ruhig ein wenig „hängen", Hauptsache, man findet früher oder später wieder Boden unter den Füßen.
Es ist so, daß der Mensch die Gegenwart nur bewältigen kann, wenn er auch Zukunft hat; er kann dem Heute nur entsprechen, wenn es für ihn auch ein Morgen gibt.
Wer einem Menschen die Zukunft raubt, nimmt ihm die Hoffnung und versetzt ihm den Todesstoß.
Die Frage nach dem Sinn – Sinn hat wesentlich mit Zukunft und Ausgang zu tun – sitzt uns viel tiefer, als wir vielfach meinen. Im „existentiellen Vakuum" (Frankl) kann der Mensch ebensowenig leben wie der Fisch auf dem Trocke-

nen. Ist er dazu gezwungen, kommt es zum „Werdestopp“, zur Stagnation der Entwicklung mit all ihren bekannten neurotischen Ausflüchten und Auswüchsen.
Drastisch deutlich wird das, wenn ein Mensch durch Selbstmord sein Leben beendet. Dieser Tat ist eine andere vorausgegangen – jemand oder etwas haben dem Betreffenden den Blick auf den Ausgang verstellt, den Ausblick genommen. Nun erlebt er sich „am Ende“, er „steht an“, es geht für ihn nicht mehr weiter, er befindet sich in der Sackgasse, in der Ausweglosigkeit. Weil dem Selbstmörder die Zukunft fehlt, kann er die Gegenwart nicht mehr leben.
Es ist kein Zufall, daß Selbstmord häufig dort gesucht wird, wo eine Liebesbeziehung zerbricht. Unser aller Zukunft liegt tatsächlich nicht in der Zeit, nicht im Ort, sondern einzig im liebenden Du. Kraft der Liebe sind wir und allein die Liebe erhält uns im Sein – heute, morgen und bis hinein in das dichte, erfüllte Jetzt der Ewigkeit.
Liebe und Leben gehören zusammen. Nicht zufällig wurzelt das Leben in der Liebe. Nicht von ungefähr schreibt Johannes: „Wer nicht liebt, bleibt im Tode“ (1 Joh 3, 14). Und jener, der nicht liebt, ist der, der vorweg auch nicht geliebt wurde. Erst in der liebenden Zuwendung werden wir für das Lieben „wachgeküßt“, befähigt.
Einen bestürzenden und überzeugenden Anschauungsunterricht dazu, wie Liebe und Leben zusammenhängen, geben uns schwer hospitalisierte Kinder, die durch Nahrungsverweigerung – sprich Hungerstreik – signalisieren, daß sie ohne liebende Zuwendung einer Bezugsperson zum Sterben verurteilt sind. An diesen Kindern wird deutlich, daß dem Ungeliebten „Hören und Sehen“, Lachen und Weinen vergehen. Er stumpft ab, verkümmert und verweigert schließlich sein Leben, weil niemand ihn vom Noch-nicht-Sein herausliebt ins Da-Sein.

So wird letztlich die Frage, ob Gott uns liebt, zur Schlüsselfrage schlechthin. Von ihrer positiven Beantwortung hängt alles ab. Wenn uns Gott tatsächlich liebt, dann haben wir das Leben und es wird uns nicht genommen werden; denn was will ein Liebender mehr für den Geliebten, als daß dieser lebe – lang, glücklich, immer! Wenn Gott uns wirklich liebt, ist darin der gute Ausgang verbürgt. Dann dürfen wir aus einer letzten Sicherheit heraus fröhlich und gelassen bleiben, was immer auch geschehen mag – denn dann gilt: Ende gut, alles gut!

Indes, hier sind wir an jenem Punkt, der vielen Menschen schwer zu schaffen macht. Ein Gott, der uns liebt, angesichts einer Welt voller Leid, Elend und Katastrophen? Wie können wir nur die Kühnheit besitzen, an einen Gott der Liebe zu glauben, einen Gott der Liebe zu künden?

Vielleicht ist uns der Zugang zum Glauben an den Gott der Liebe verstellt oder zumindest erschwert durch das, was wir als Kinder von Gott „gelernt" haben.

Ich selbst habe heute noch die Katechismusfrage und -antwort im Kopf: „Wer ist Gott?", „Gott ist ein Geist, der unendlich vollkommen ist."

Und weiter ging es mit dem Aufzählen der Eigenschaften Gottes.

Da war es vor allem eine Eigenschaft, die wir uns gemerkt und über Jahre behalten haben: „Gott ist allmächtig, d. h. er kann alles machen, was er will."

Hier dürfte die Wurzel unseres Zweifels an der Liebe Gottes verborgen sein: Welch ein Gott! Er *kann* das Leid ändern, ist er doch allmächtig; tut es jedoch nicht! Folglich liebt er uns auch nicht.

Dieses Endresultat, unsere Überlegung ist von einem fal-

schen Ausgangspunkt her bestimmt. Das heißt, wir haben falsch gefragt, daher ist auch die Antwort falsch.
Wir sollten nicht fragen: Wer oder was ist Gott? – um daraus seine Eigenschaften ableiten zu wollen. Diese Art der Frage führt auf eine falsche Fährte. Wir sollten besser fragen: Wo zeigt sich Gott? Und wo zeigt er sich am deutlichsten?
Ein Beispiel mag vorweg den Unterschied im Hinblick auf die Antwort aufzeigen:

Wer ist ein Vater? Ein Mann, der ein Kind gezeugt hat. Die Antwort stimmt. Bei der anderen Fragestellung jedoch, kommt ungleich mehr in den Blick: „Wo zeigt sich der Vater als Vater am deutlichsten?“ Doch in der treuen Sorge um sein Kind.
Oder: Wer ist eine Mutter? Eine Frau, die ein Kind geboren hat. Sie kann geboren haben, ob sie jedoch wirklich Mutter ist, zeigt sich wohl am besten dort, wo sie in mütterlicher Liebe ihrem Kind zugewandt bleibt und es so im Dasein erhält und Wurzeln schlagen läßt.
Die Antwort auf die Frage: „Wer ist . . .?“ bringt nur einen Teilbereich in den Blick.
Hingegen offenbart die Antwort auf die Frage: „Wo zeigt sich . . .?“ etwas vom Kern, vom Wesen.
Wo nun zeigt sich Gott am deutlichsten? Doch ohne Zweifel in Jesus. Und in Jesus eben dort, wo er am weitesten geht in seiner Solidarisierung mit den Menschen, also in seinem Leiden und Sterben. Am Kreuz will uns die „Unvernunft“ der göttlichen Liebe unbezweifelbar vor Augen geführt werden. Unser Gott geht mit seiner Liebe aus der Allmacht in die Ohnmacht. Dort, wo Jesus im Tod untertaucht, wo er die dunkelste Seite unseres Menschseins auf sich nimmt, dort, wo der unsterbliche Gott in Jesus zum sterbenden wird, enthüllen sich das Geheimnis und die

Wirklichkeit, aber auch die grenzenlose Totalität der Liebe Gottes.
Es ist ein Kennzeichen der Liebe, daß sie sich bis zur Torheit, zur Unvernunft verschenkt, verschwendet. Paulus sagt es klar: „Hat nicht Gott in Torheit gewandelt die Weisheit dieser Welt . . .“ (1 Kor 1, 20).
Nein, so hatten sich die Weisen und Gelehrten der damaligen Zeit einen Gott nicht vorgestellt! Ein Gott, der in die Nacht von Kreuz und Tod hineingeht, schien ihnen unannehmbar; er war und ist für viele Torheit und Ärgernis.
Es ist in der Tat umwerfend: Gott kommt in Jesus zu uns, um uns das Liebesangebot Gottes sichtbar, greifbar und faßbar zu machen. Um die Liebe Gottes auszuleben, auszuzeugen, wird Gott in Jesus Mensch. Er kommt in die Welt mit dem Auftrag, die Liebe Gottes zu verdeutlichen, darzustellen. Bei diesem Auftrag bleibt er. Keinen Augenblick der Untreue diesem Auftrag gegenüber gibt es in seinem Leben. Jesus lebt die Liebe radikal und total. Er bleibt der ganz Liebende, allen Mißdeutungen und Widerständen zum Trotz. Und genau darin ereignet sich unsere Erlösung.
Ganz anders wir! Wir leben die Liebe gelegentlich, augenblicksweise, punktuell. Und sobald unser Liebesangebot auf Ablehnung stößt, nehmen wir es zurück unter der nicht selten gedachten oder gesagten Formel: „Hab’ mich gern!“ Schließlich soll uns niemand für dumm halten, und zuviel Güte ist eben Dummheit. „Jeder ist sich selbst der Nächste“, sagen wir und sorgen für unsere eigene Haut. Wenn dann noch etwas übrig bleibt, wenn wir Überfluß haben, mögen die andern auch davon bekommen.
Ganz anders die Liebe, die Gott uns in Jesus aufleuchten läßt.
Jesus durchbricht mit der Treue, in der er die Totalität der Liebe lebt, den Bannkreis von Egoismus und Haß. Er durch-

stößt gleichsam die „Schallmauer" der Liebe und relativiert damit jedwedes menschliche Lieben und macht sich zum Maß, zum Richtmaß der Liebe schlechthin. Er stellt einen neuen Maßstab des Liebens auf.

So zeigt sich unser Gott am deutlichsten in der Ohnmacht der Liebe am Kreuz.

Wir haben demnach nicht einen Gott, der vom fernen himmlischen „Balkon" her auf die Erde blickt und in einer Regung von Mitleid Rettung verheißt. Nicht einen *mitleidigen* Gott haben wir – Mitleid ist unsere Stärke, solange es nur etwas und nicht uns persönlich fordert! –, wir haben einen Gott, der sich bis ins letzte in *Mitleidenschaft* ziehen läßt! Darin erweist er sich eindeutig und unbezweifelbar als der Liebende.

In Jesus wird der ferne Gott zum nahen; der unsichtbare sichtbar; der unbegreifliche greifbar; der wesenhaft leid- und todenthobene zum leidenden, sterbenden; der souveräne Gott wird zu einem, der von Angst durchbebt ist. In Jesus wird Gott wirklich zum Immanuel, zum „Gott mit uns". Jesus Christus ist das sprechende, lebendige und gültige Zeichen der Liebe Gottes.

Beim Blick auf das Kreuz kann unser Zweifel an der Liebe Gottes zur Ruhe kommen.

Gott gibt uns nicht eine billige Antwort auf unsere brennende Frage, auch nicht eine nur gesprochene. Er gibt uns eine gelebte und gelittene Antwort, in Jesus Christus, der sich mit den Leidenden aller Zeiten und Völker solidarisiert und dadurch zur unbezweifelbaren Enthüllung der Liebe Gottes wird.

Gleichzeitig signalisiert uns Jesus, daß alles leidvolle Phase ist, das heißt Vorübergang, Übergang. Für den, der darum weiß, gibt es keine Nacht mehr, die nicht schon vom neuen Tag kündet; kein Leid mehr, das nicht schon den Keim

neuer, bleibender Freude in sich birgt; keinen Abschied, der nicht schon auf endgültiges Verweilen deutet; keinen Verlust, der nicht schon letztes Besitzen verheißt.
Das ist die Botschaft, die stumm und doch beredt verkündet wird durch die Vielzahl der Kreuze, die es in unserer Heimat noch gibt – auf Bergen, Gräbern, in Schulzimmern, auf Kirchtürmen, in unseren Häusern . . .
Die „Eintagsfliege“ Mensch darf an ihren Weiterbestand glauben, einfach weil Gott sie liebt. Diese Zusicherung gibt Gott uns in Jesus Christus.
Er ist das „Ehrenwort“, das Gott einer zagenden, fragenden Menschheit gibt; er ist der „Garantieschein“ dafür, daß Gott uns liebt. Im Glauben nehmen wir das Ehrenwort Gottes ernst, ergreifen wir den Garantieschein.

Die Sprache der Zeichen

Jesus ist *das* Heilszeichen, das Ursakrament. Und jedes Zeichen, das der Herr zu Lebzeiten setzt, ist ein Aufleuchten endgültigen, endzeitlichen Heils, auf das hin wir unterwegs sind, das einzuholen wir geschaffen sind. Von der Auferstehung her erhalten alle diese Zeichen das Gültigkeitssiegel aufgedrückt.
So wollen die Zeichen, die Gott uns in Jesus gibt – wir sind gewohnt, sie Wunder zu nennen –, im Flüchtigen das Bleibende, im Vordergründigen das Eigentliche, im Gegenwärtigen das Künftige andeuten und vorweg aufweisen.
In der Begegnung mit dem heilenden Herrn erlebten die Zeitgenossen Jesus als den, der immer einen Ausweg weiß, für den es keinen hoffnungslosen Fall gibt. Er heißt die Kranken nicht ihr Leid geduldig tragen, sondern gebietet der Krankheit und deutet damit jedesmal den Endzustand an,

auf den hin wir unterwegs sind: heiles, ungebrochenes Menschsein.
Sämtliche Zeichen, die Jesus setzt, sprechen eine deutliche Sprache, nur vermögen wir sie oft nicht mehr zu verstehen. Zu oft bleiben wir im Vordergründigen und vernehmen nicht die Tiefenaussage. Dabei sollten wir doch wissen, daß es Zeichen eigen ist, über sich hinaus zu weisen. Denken wir nur an jene Zeichen, die wir im alltäglichen Umgang mit den Menschen, denen wir gut sind, setzen. Ob wir jemandem Blumen schenken, jemandes Hand herzlich drücken und in der unseren halten, einem Kind den Arm um die Schulter legen, einem Freund zunicken oder zuwinken – immer ist dabei weit mehr ausgesagt, als die Geste zeigt. Von Liebenden weiß man zu sagen, daß sie geradezu erfinderisch werden im Ersinnen von Zeichen, die ihre Liebe andeuten und aussagen wollen. Allerdings scheint es manchmal, als würde der Mensch von heute die dazu notwendige Sensibilität und Kreativität des Herzens einbüßen und in bezug auf Zeichensetzung verkümmern und abstumpfen. Es würde viel verlorengehen dabei.
Versuchen wir, einige uns längst vertraute Zeichen, die in den Evangelien berichtet werden, in ihrer Tiefenaussage zu vernehmen, um von ihnen neu beschenkt zu werden.

Der Blinde (Lk 18, 35–43)

Als Jesus in die Nähe von Jericho kam, saß ein Blinder an der Straße und bettelte. Er hörte, daß eine große Menschenmenge vorüberging und fragte, was das zu bedeuten habe. Man sagte ihm, Jesus von Nazaret gehe vorüber. Da rief er laut: Jesus, Sohn Davids, hab Erbarmen mit mir! Die Leute, die vorausgingen, wurden ärgerlich und befahlen ihm zu schweigen. Er aber schrie noch lauter: Sohn Davids, hab Erbarmen mit mir! Jesus blieb stehen und ließ ihn zu sich herführen. Als der Mann vor ihm stand, fragte ihn

Jesus: Was soll ich für dich tun? Er antwortete: Herr, ich möchte wieder sehen können. Da sagte Jesus zu ihm: Du sollst wieder sehen. Dein Glaube hat dir geholfen. Im gleichen Augenblick konnte er wieder sehen. Er pries Gott und folgte Jesus. Und alle Leute, die zugesehen hatten, lobten Gott.

Kein Zweifel, wenn Jesus diesem einen konkreten Blinden das Augenlicht schenkt, dann ist mehr damit gesagt, als daß „in jener Zeit" irgendein armer, blinder Mann sehend geworden ist. Die Begegnung mit Jesus war der Wendepunkt im Leben dieses Menschen, aber das gilt nicht allein für ihn. Wann immer Jesus Christus einen anrührt, geht ein Licht auf, endet das Tappen im Dunkel, wird eine neue Sicht geschenkt.
In der Blindenheilung ist zeitlos gültig angedeutet, daß dort, wo Jesus in das Leben eines Menschen tritt, die Dunkelheit gebannt wird; daß dort, wo sich ein Mensch entschließt mit Jesus zu leben, die Finsternis in Licht gewandelt wird.
„Ich bin das Licht der Welt. Wer mir nachfolgt, wird nicht in der Finsternis gehen, sondern er wird das Licht des Lebens haben" (Joh 8, 12).
Wenn wir noch im Dunkel tappen, sind wir Jesus noch nicht begegnet. Vielleicht haben wir ihn vorbeigehen lassen? Der Blinde von Jericho hat sich die heilende, lichtbringende Geste herbeigerufen. Vergessen wir es nicht, was damals ging, geht heute noch!

Der Lahme (Joh 5, 1–9)

Einige Zeit später war ein Fest der Juden, und Jesus ging hinauf nach Jerusalem. In Jerusalem gibt es beim Schaftor einen Teich, zu dem fünf Säulenhallen gehören; dieser Teich heißt hebräisch Betesda. In diesen Hallen lagen viele Kranke, darunter Blinde, Lahme und Ausgezehrte. Dort lag auch ein Mann, der schon achtunddreißig Jahre krank war. Als Jesus ihn dort liegen sah und erkannte, daß er schon lange krank war, fragte er ihn: Willst du gesund werden? Der Kranke antwortete ihm: Herr, ich habe keinen, der mich in den Teich trägt, sobald das Wasser in Bewegung gerät. Während ich hingehe, steigt schon ein anderer vor mir hinab. Da sagte Jesus zu ihm: Steh auf, nimm deine Matte und geh! Sofort wurde der Mann gesund, er nahm seine Matte und ging umher.

Lähmung ist immer schlimm. Wer gelähmt ist, ist gebunden, gefesselt: an den Rollstuhl, an das Bett, an das Zimmer, ... an sich selbst ... das ist auch eine Lähmung, eine arge Lähmung! Sie macht Mensch- und Christwerdung unmöglich, denn zum Werden gehört Bewegung und Bewegung ist nur in Freiheit möglich, nicht aber im Gebundensein.

Es gibt gar manche Lähmung auch in unseren christlichen Gemeinden.

Der Gelähmte der Perikope hat auf Veränderung durch die Bewegung des Wassers gewartet und von ihr Heil erhofft. Der Herr selbst hat seine Hoffnung erfüllt.

Auch wir warten auf Veränderung. Die verschiedenen „Bewegungen“ in unseren Gemeinden – Frauenbewegung, Männerbewegung, Jugendbewegung usw. – „schlagen auch manchmal Wellen“. Und das ist gut, jedoch sind sie nur soviel wert, als ihnen Heilkraft innewohnt.

Sollten wir allerdings entdecken, daß sich zuwenig zum Heil verändert, dann müßten wir den Herrn bitten, daß er wiederum sein Machtwort spricht und die Wirkkraft in unseren „Bewegungen“ erhöht, vertieft, verdichtet.

Letztlich kann nur er unser Gelähmtsein lösen und unser Abgestandensein in Bewegung versetzen.

Wenn das geschieht, wenn Jesus uns anspricht oder andere durch uns, dann lösen sich die Fesseln, dann zerreißen die Bande. Der Mensch wird in eine neue, ungeahnte Freiheit hineinversetzt. Er bekommt „Bewegungsfreiheit“ und wird fähig, in der „Bewegung für eine bessere Welt" den vielfach Gelähmten Befreiung zu schaffen in der Wirkkraft dessen, der sagen kann: „Steh auf, nimm deine Matte und geh!"

Der Aussätzige (Lk 5, 12–13)

Als Jesus in einer der Städte war, kam ein Mann, der am ganzen Körper Aussatz hatte. Sobald er Jesus sah, warf er sich vor ihm zu Boden und bat ihn: Herr, wenn du willst, kannst du mich rein machen. Da streckte Jesus die Hand aus, berührte ihn und sagte: Ich will es: Werde rein! Sofort wich der Aussatz von ihm.

Der Aussatz ist eine schreckliche Krankheit. Er bringt Entstellung. Er raubt dem Menschen das Gesicht.
Nichts aber fürchten wir mehr, als das Gesicht zu verlieren. Deshalb tragen wir vorsichtshalber Masken – für jede Gelegenheit haben wir eine – und bangen, es könnte zu einer unerwarteten Demaskierung kommen. Dann müßten wir unser Gesicht zeigen und das hieße auch schon, es verlieren. Davor haben wir Angst.
Gesichtslose, Entstellte werden ausgestoßen.
Jesus gibt dem Gesichtslosen das Gesicht zurück. Wenn der Herr uns sein Gesicht zuwendet, uns sein Antlitz zeigt, dann sind wir gerettet; unter seinem Blick wird der Entstellte zum Wiederhergestellten, der Ausgestoßene, Verfemte zum Wiederaufgenommenen.

Die gekrümmte Frau (Lk 13, 10–13)

Am Sabbat lehrte Jesus in einer Synagoge. Dort saß eine Frau, die seit achtzehn Jahren krank war, weil sie von einem Dämon geplagt wurde; ihr Rücken war krumm, und sie konnte nicht mehr aufrecht gehen. Als Jesus sie sah, rief er sie zu sich und sagte: Frau, du bist von deinem Leiden erlöst. Und er legte ihr die Hände auf. Im gleichen Augenblick richtete sie sich auf und pries Gott.

Es gibt vielfache Verkrümmungen, damals wie heute. Neben der körperlichen Verkrümmung gibt es die Verkrümmung der Seele, neben dem krummen Rücken, das krumme Herz. Auch heute ruft uns der Herr zu sich, um das Krumme gerade zu machen. In seiner Nähe, unter seinen Händen weicht die Krümmung einer heilbringenden Streckung, die dem Betroffenen ein „gerades Stehen“ ermöglicht.
Am Ende wollen wir selber unsere „krummen Touren“ nicht lassen? Vielleicht „verkrümmeln“ wir uns und weichen zurück vor der Auf- und Ausrichtung?

Der Taubstumme (Mk 7, 31–37)

Jesus verließ das Gebiet von Tyrus wieder und kam über Sidon an den See von Galiläa; von dort zog er weiter in das Gebiet der Dekapolis. Da brachte man einen Taubstummen zu Jesus mit der Bitte, ihm die Hand aufzulegen. Er nahm ihn beiseite, von der Menge weg, legte ihm die Finger in die Ohren und berührte die Zunge des Mannes mit Speichel; dann blickte er zum Himmel auf, seufzte und sprach zu ihm: Effata, das heißt: Öffne dich! Da öffneten sich seine Ohren, und sogleich löste sich die Fessel seiner Zunge, und er konnte richtig reden. Jesus verbot ihnen, jemand davon zu erzählen. Doch je mehr er es ihnen verbot, desto mehr machten sie es bekannt. Außer sich vor Staunen sagten sie: Er hat alles gutgemacht; Tauben gibt er das Gehör und den Stummen die Sprache.

Ein Taubstummer steckt fest in der Isolation, die zu durchbrechen er nicht imstande ist. Er ist eingeschlossen in sich selbst. Wenn man bedenkt, daß jedes Sprechen ein Sich-aus-Sprechen ist, dann mag man in etwa ermessen, welches Hindernis die Stummheit für die Entwicklung eines Menschen darstellt.
Wann immer die mitmenschliche Kommunikation gestört ist, läuft der Mensch Gefahr, in seinem Personkern krank zu werden, zu verkümmern.

Die Sprache ist Medium Nummer eins, unverzichtbares Ausdruckselement im Kontakt mit den andern. Wenn die Sprachverfügung gestört ist, ist auch die Kommunikation gestört. Beim Taubstummen wird die Kommunikationsbarriere unüberwindlich.
Aber auch uns, die wir des Hörens und Sprechens mächtig sind, sind Kommunikationsschwierigkeiten nicht fremd. Wir alle wissen aus Erfahrung nur zu gut, wie der Kontakt zum Mitmenschen erschwert, gestört oder verrammelt sein kann. Wie oft wird ein Wort vom Partner ganz anders aufgefaßt, ganz anders gedeutet, als es gemeint war. Wie oft reden wir aufeinander ein und doch aneinander vorbei. Schmerzlich bewußt wird das auch in manchen Diskussionen. Klärung und Antwort zu suchen, war man hingegangen und verwirrt, ausgehöhlt und mit neuen Fragen und Unklarheiten beladen geht man weg.
Erst dort, wo der Herr in Beziehung tritt zu uns, wo er uns anrührt und sein „Effata" spricht, fallen die Hör- und Sprechschwierigkeiten weg. Je öfter wir Christus die Gelegenheit geben, sein „Effata" zu uns zu sprechen, desto mehr verringern sich unsere Kommunikationsschwierigkeiten; desto besser werden wir die anderen verstehen, desto fähiger werden wir, uns auf sie einzustellen. Dieser Prozeß unserer Öffnung in Richtung Du und Gemeinschaft beginnt bei der Taufe und setzt sich fort in jeder Begegnung mit dem Herrn. So macht uns jede Kommunion kommunikationsfähiger.

Der Besessene (Mk 1, 21–28)

Sie kamen nach Kafarnaum. Am folgenden Sabbat ging er in die Synagoge und lehrte. Und sie waren bestürzt über seine Lehre; denn er lehrte wie einer, der Vollmacht hat, nicht wie die Schriftgelehrten. In ihrer Synagoge saß ein Mann, der von einem unreinen

Geist besessen war. Der begann zu schreien: Was haben wir mit dir zu tun, Jesus von Nazaret? Du bist gekommen, um uns ins Verderben zu stürzen. Ich weiß, wer du bist: Der Heilige Gottes. Da drohte ihm Jesus: Schweig und verlaß ihn! Der unreine Geist zerrte den Mann hin und her und verließ ihn mit lautem Geschrei. Da staunten alle, und einer fragte den anderen: Was bedeutet das? Es ist eine neue Lehre, und sie wird mit Vollmacht verkündet. Auch die unreinen Geister gehorchen seinem Befehl.

Besessenheit gibt es heutzutage nicht mehr, es sei denn in Gruselfilmen. Ob wir es uns nicht zu billig machen, wenn wir unter der Devise einer Entmythologisierung das Phänomen der Besessenheit verflossenen Zeiten und menschlicher Unaufgeklärtheit zuordnen und für überholt erklären?
Meist begegnen wir heute der „Besetztheit", sie ist die subtilere Form der Besessenheit. Sie wirkt harmlos und gar nicht dämonisch. Geben wir bloß acht, damit wir nicht verniedlichen, was in Wirklichkeit sehr ernst ist. Wir machen es uns zu leicht, wenn wir die Macht des Bösen für nicht existent erklären. Dann nämlich sind unsere Augen gehalten und wir merken nicht einmal mehr, daß das Böse in uns wohnt und west. Bleiben wir jedoch wach, werden wir – unsere Aufrichtigkeit vorausgesetzt – schnell entdecken, wie vielfach besessen und besetzt wir sind.
Man kann von Angst besessen sein, von einer Idee, von Macht, Lebensgier, Haß, Eifersucht, Geltungsdrang, Geldgier, von der Sorge um die Gesundheit, um Haus und Grund. Immer ist die Wirkung dieselbe. Wir werden hin und her gezerrt, zerrieben und zerrissen. Gleichzeitig bauen wir in unserer Besessenheit alle möglichen und unmöglichen Mechanismen auf, um uns gegen den „Heiligen Gottes" abzuschirmen. Allein, nur in der Begegnung mit ihm kann unsere Besessenheit weichen und uns jene Freiheit geschenkt werden, die denen eignet, die Kinder Gottes heißen und es sind.

Der Sturm auf dem See (Mt 8, 23–27)

Er stieg in das Boot, und seine Jünger folgten ihm. Plötzlich brach auf dem See ein gewaltiger Sturm los, sodaß das Boot von den Wellen überflutet wurde. Jesus aber schlief. Da traten sie zu ihm, weckten ihn und schrien: Herr, rette uns, wir gehen zugrunde! Er sagte zu ihnen: Warum habt ihr Angst, ihr Kleingläubigen? Dann stand er auf, wandte sich drohend gegen die Winde und den See, und es trat völlige Stille ein. Die Menschen aber staunten und sagten: Was ist das für einer, daß ihm sogar Wind und Meer gehorchen?

Ein Sturm kann gefährlich sein und großen Schaden anrichten. Wir kennen – zumindest vom Hören-Sagen – die Auswirkung der gefürchteten Wirbelstürme. Sturm hat etwas Unberechenbares, Unheimliches, weil er aufwirbelt, durcheinanderbringt, zertrümmert. Nicht zufällig sprechen wir von stürmischen Phasen der Entwicklung, von Sturm- und Drangperioden, von stürmischen Ehejahren oder von der „Ruhe vor dem Sturm"!

Gleich, um welchen Sturm es sich handelt, immer befällt uns Verzagtheit und jedesmal sind wir froh, wenn er vorüber ist, ohne allzu argen Schaden zu hinterlassen.

Vielleicht muß mancher Sturm über uns kommen, sonst wähnten wir uns wohl zu sicher und meinten gar, alles in der Hand zu haben. Neigen wir doch dazu, uns und unsere Kräfte erheblich zu überschätzen. Ein jäh hereinbrechendes „Sturmtief" macht uns den wankenden Grund bewußt, auf dem wir uns befinden.

Tatsächlich haben wir in den diversen Stürmen keinen anderen Halt, keine andere Zuflucht als ihn, der die Hand ausstrecken und Stille gebieten konnte. Wenden wir uns wie die Apostеln ihm zu; wir dürfen stürmisch sein dabei! Und der Herr wird wieder Stille gebieten, nur das Wann müssen wir ihm überlassen.

Die endzeitliche Aussage der Zeichen

Eines ist allen aufgegriffenen Perikopen gemeinsam: sie wollen denen, die „auf dem Gang“ sind, ein Licht vorauswerfen auf den „Ausgang“.

So dürfen wir wissen – und das Ausgesagte gilt für alle, die die Begegnung mit dem Herrn suchen, ersehnen, erbitten –: Letztlich wird keiner mehr im Dunkeln tappen;

jede Verkrümmung und jedwedes Gebundensein finden ihr Ende;

der Entstellte wird zum Wiederhergestellten und die Kommunikationsschwierigkeiten lösen sich, weil der Herr durch sein „Effata“ nicht allein die Zungen, sondern auch die Herzen löst; der Besetzte wird endgültig zum „Freien“, weil sein Innenraum einzig vom Geist Jesu bewohnt sein wird;

und die diversen Stürme weichen der großen Stille, in der sich die Wellen bis ins Innerste glätten und alles endgültig zur Ruhe, das heißt zum Frieden kommt.

In den vielfältigen Zeichen, die Jesus den Zeitgenossen und uns gibt, soll das gute Ende, die Vollendung vorweg aufgezeigt werden. Wir dürfen die Zeichen dankbar ergreifen und während wir ihrer endzeitlichen Aussage gewahr werden, mag sich in uns die Hoffnung verdichten. Weswegen sich noch übermäßig ängstigen? Ende gut, alles gut!

Gebet als Chance

Was ereignet sich eigentlich, wenn der Mensch betet? Oder – um die Fragestellung auf den Menschen von heute abzustimmen – Was hab ich davon, wenn ich bete? Was schaut dabei für mich heraus? Lohnt es sich?

Gebet als Lichteinfall

Mir kommt die Antwort eines Kindes in den Sinn. Sie scheint mir das Wesentliche zu treffen: „Beim Beten öffnet sich der Mensch, (das Kind verdeutlicht seine Gedanken durch die entsprechende Geste des Armeausbreitens) und Gott kann mit seiner Liebe in ihn hineinstrahlen." In dieser Kinderantwort steckt viel: Gebet ist Öffnung, die „Lichteinfall" ermöglicht. Man muß diese Aussage einmal wörtlich nehmen, um zu begreifen, was sich in ihr verbirgt. Schätzen wir uns nicht glücklich, wenn wir einen Einfall haben? Erfahren wir es nicht als Geschenk, wenn wir im Dunkel tappen, die Orientierung verloren haben und irgend jemand zündet uns ein Licht an? Ein solcher Lichteinfall schafft eine neue Sicht, beendet das Tappen, gebietet der Angst.

Daß Gebet tatsächlich Öffnung ist, die den Lichteinfall der Liebe Gottes ermöglicht, ist mir am Sterbebett eines jungen krebskanken Mannes aufgegangen. Gerhard – er war mein Schüler in den vier Jahren der Volksschule. Später habe ich ihn wiedergefunden als Student an der Religionspädagogischen Akademie in Linz. Dort hat ihn im zweiten Studiensemester erstmals die todbringende Erkrankung angefallen. Die Genesungschancen standen schlecht. Ein halbes, bestenfalls ganzes Jahr, war die pessimistische Prognose des Chirurgen.

Gerhard wurde aus dem Krankenhaus entlassen und stürzte sich mit Feuereifer ins Studium. Er schaffte die Lehramtsprüfung und – was niemand für möglich gehalten hätte – ein erstes Jahr im Schuldienst. Es wurde zum wohl schönsten Jahr seines Lebens überhaupt. Er hatte es nicht leicht gehabt in seinem Leben. Aber dieses Jahr brachte ihm beruflichen Erfolg, Anerkennung durch Kollegen und Eltern, und schenkte ihm die Begegnung mit einem Mädchen, reif und liebesfähig, bereit, ihn, den Todkranken, zu begleiten. So war er im letzten Jahr seines Lebens der Liebe begegnet, im tiefsten Sinne des Wortes. Fast schien das Glück dieses Jahres größer als die todbringende Zerstörung, die in seinem Körper wütete. Dem war jedoch nicht so! Auf den Spitalsaufenthalt zu Ferienbeginn folgte ein neuerlicher zu Ferienende. Er sollte der letzte werden.

Als im Herbst die Schule begann, war Gerhard ein vom Tod Gezeichneter. Jetzt war es also soweit. Wir hatten öfter mitsammen vom Tod gesprochen, jetzt galt es, ihm entgegenzugehen. Ich wollte Gerhard begleiten, sofern das einem andern überhaupt möglich ist. In dieser Zeit sprachen wir von Tod und Auferstehung und beteten mitsammen. Wir erfuhren Kraft und Frieden als Frucht des Gebetes. Aber der Kampf war noch lange nicht zu Ende!

Eines Tages komme ich ins Krankenzimmer und Gerhard kennt mich nicht mehr. Er ist unruhig, wirkt rastlos und voll Angst. Wie nach Halt suchend, tastet er die Bettdecke entlang. Ob das die Nacht ist, in die man eintaucht, wenn es ans Sterben geht, so überlege ich. Man spricht vom Schatten

des Todes, vom Gang durch die dunkle Schlucht, vom Umnachtetsein. Ohne Zweifel, mein junger Freund war eingetaucht in die große Dunkelheit. Es war mir klar, jetzt war Beten not-wendend. Aber wie? Was? In welcher Weise? Konnte er es überhaupt noch aufnehmen? Ich war unsicher.
Da kam mir die Weisung vom Sterbenden selber. Aufs äußerste unruhig geworden, verlangte er immer wieder nach der Krankenschwester: „Schwester, Schwester!" dann flüsterte er kaum vernehmbar: „Jetzt und . . ., jetzt und . . .?" Da begriff ich. „Jetzt und in der Stunde unseres Todes", führte ich zu Ende und betete vom Anfang an: „Mutter Gottes, bitte für uns, jetzt und in der Stunde unseres Todes. Amen." „Ja", sagte der Sterbende sichtlich erleichtert. Er hatte gefunden, was er lange und mühsam gesucht: die rettenden Gebetsworte. Ich betete sie ihm wieder und wieder vor. Die Wirkung war erstaunlich. Jedesmal, wenn er sich innerlich dem Gebet anschließen konnte, wurde er sofort ruhig, die Spannung löste sich, die Angst wich aus seinen Zügen.
Noch zwei andere Gebetsworte waren es, die der Sterbende bemüht war zu finden: „Vater unser." Das genügte anscheinend zum Sterben.
In diesen letzten Stunden am Sterbebett eines jungen Mannes, dessen Geschick mich persönlich bewegte, erkannte ich mehr und mehr, daß Sterben zunächst das Hineinstürzen in eine große Finsternis sein mußte; Gebet aber augenscheinlich Lichteinfall in diese Dunkelheit brachte und damit Erhellung und Beruhigung.
Da verstand ich neu, warum man einem Sterbenden vorbeten soll. Gebet erschien mir wie ein Rettungsring, den man einem Ertrinkenden zuwirft.
Ich saß an seinem Bett, seine erkaltende Hand haltend und bemüht, ihm in seinem Umnachtetsein einen Lichteinfall zu

ermöglichen, während er mitbetend die letzte, große Dunkelheit durchlitt, um geöffnet für die Begegnung mit Gott einzutreten in die neue Seinsweise, der Finsternis und Angst fremd sind.
Von alldem war ich persönlich betroffen und vielerlei Gedanken zu Leben und Sterben und Beten bedrängten mich.
Auf einmal schien mir die Gepflogenheit morgens und abends zu beten so dürftig und kaum geeignet, genügend Lichteinfall für das Leben, geschweige denn für das Sterben zu schaffen. Es gilt wohl das Beten so einzuüben, daß Gebet Leben und Leben Gebet wird. Gerhards Tod war für mich ein Anstoß mehr, die allgemein gepflogene Gebetspraxis zu überdenken und zu hinterfragen.

Gebet und Gutsein

Ohne Zweifel hängt von der Fähigkeit des Christen zu beten sehr viel, wenn nicht alles ab. Das klingt zunächst wie eine Übertreibung. Ich erinnere mich, als Kind einen Katecheten gehabt zu haben, der zu sagen pflegte: „Kinder, merkt euch, wer aufhört zu beten, hört auf, gut zu leben." Ich sah da keinen Zusammenhang! Warum sollte ich nicht gut sein können auch ohne mein „O Gott, du hast in dieser Nacht"?
Es dauerte geraume Zeit, bis ich erkannte, wie recht mein damaliger Katechet hatte. Nach und nach begann ich auch zu verstehen, daß Beten mit dem Hersagen von Sprüchen sehr wenig zu tun hat.
Wie auch immer Gebet beim einzelnen ausschauen mag, wenn es in der rechten Weise geschieht, bewirkt es stets Öffnung. Und dieses Sich-Öffnen ermöglicht beim Menschen „Belichtung", Lichteinfall. Dem „Belichteten" geht ein Licht auf. Etwas erhellt sich für ihn. Der Nichtbetende

hingegen bleibt eingeschlossen in die Dunkelkammer seiner selbst, er bleibt in der Finsternis.
In dem aber, der „belichtet" wird, geht Verwandlung vor sich. Kaum merklich zunächst, dennoch aber stetig fortschreitend von Dunkelheit ins Licht, von Unkenntnis in Erkenntnis, von Unfähigkeit in Fähigkeit, von Schwachheit in Kraft, von Trauer zur Freude, von Unheil in Heil, von Heillosigkeit in Heiligkeit . . . Das geschieht, weil sich der Betende dem „Einfall" Gottes aussetzt, sich öffnet für das Wirken Gottes. Er ermöglicht es Gott sozusagen, in ihm seine Wirkung hervorzubringen. So kann er von Gott durchwirkt werden, ja, Gott beschenkt ihn mit einer neuen Wirkkraft, einer Wirkung, die nicht von dieser Welt stammt. Das heißt, daß sich Gott dem Betenden in seiner WIRK-lichkeit mitteilt, ihm seine Wirkmächtigkeit einsenkt. Von daher bezieht der Betende die Kraft für sein Gutsein, die dem, der nicht betet, früher oder später ausgehen wird. Ich getraue mich zu behaupten, daß jene Menschen, die die Welt zum Guten verändert haben, betende Menschen waren. Die ungeheure Wirkung ihres Lebens entstammte einzig der Wirkkraft Gottes, die in ihnen am Werk war. Der betende Mensch ist auch der eigentlich schöpferische Mensch, weil in ihm die schöpferische Mächtigkeit Gottes *einfallen* kann. Daher hat ein solcher Mensch *Einfälle,* die verwirklicht ein Stück Welt zum Guten verändern.
Vielleicht sind wir zuwenig betende Menschen, da so viele unserer Initiativen kurzlebig sind oder fruchtlos bleiben. Sie stammen wohl aus uns und nicht aus Gott! Vielleicht sind wir auch deshalb so schnell am Ende mit unserer Geduld, Kraft, Liebe, weil wir mit dem ans Werk gehen, was aus uns stammt.
Wir müßten uns wohl weit mehr öffnen, betend aufbrechen

vor Gott, damit er in uns *einfalle,* uns fülle, beschenke, erleuchte.

Ob nicht insbesondere der Christ, der durch Jesus Christus den Zugang zur Quelle kennt, einer geöffneten Schale gleich an der Quelle verharren müßte, um selbst gefüllt, andere zu erfüllen; selbst beschenkt, andere zu beschenken; selbst erleuchtet, andern zur Leuchte zu werden?

Ob nicht der Christ heute jener Mose sein sollte, der auf dem Berg die Hände zum Gebet erhoben hält, damit – solange er betend vor Gott verweilt – die Entscheidungsschlachten für eine bessere Welt – das ist eine mehr von Gottes Liebe durchwirkte Welt – ausgehen können? Dabei entspricht wohl das benediktinische „ora et labora" (bete und arbeite) den Bedürfnissen der Zeit am ehesten. Ohne Zweifel ist der Christ gerufen, durch seinen kraftvollen Einsatz diese Welt umzugestalten, den Anbruch des Gottesreiches durch sein liebendes Tun zu beschleunigen. Er wird dazu jedoch nur in dem Maß imstande sein, als er als Betender ans Werk geht, andernfalls wird ihm die Kraft bald ausgehen und seine kühnen Unternehmungen werden im Sand verlaufen. Das heißt, der Christ von heute wird seinem Weltauftrag nur als betender Mensch gerecht werden können. Es tut not, das heute wieder ausdrücklich zu betonen, weil wir als Gegenschlag zu früher in Gefahr sind, einem Christentum der Aktionen den Vorrang zu geben und dabei vergessen, daß nur jene Aktion wirksam sein kann, die im Gebet angeregt und von ihm begleitet wird.

Nur der Betende verfügt auf Dauer über jene innere Flexibilität, die ihn fähig macht, den täglich sich wandelnden Erfordernissen als Christ zu entsprechen; nur der Betende verfügt auf Dauer über jene kraftvolle Gelassenheit, die ihn tätig sein läßt, ohne Hast und Ungeduld, selbst dann, wenn er die Früchte seines Mühens nicht wachsen sieht.

So hängen Beten und Gutsein sehr wohl zusammen, das eine ist geradezu die Ermöglichung des andern.
Aus der Erkenntnis dieses Zusammenhangs müßten wir wohl mehr Zeit für das Gebet erübrigen. Als Regel könnte gelten: Je mehr einer zu tun hat, je einflußreicher seine Stellung, je geforderter er in seinem Beruf ist, desto mehr muß er in ständigem Kontakt mit Gott leben, damit ihm von Gott alles zukomme, wessen er bedarf, um die ihm zugedachten Aufgaben in der rechten Weise erfüllen zu können.
Wie einer betet, bleibt ihm überlassen, jeder soll und darf die ihm entsprechendste Weise wählen.
Ich möchte mich hier nicht mit den verschiedenen Weisen des Betens und Meditierens befassen, weil es darüber beste Literatur gibt und das Angebot an Meditationswochenenden und Kursen groß und für nahezu jeden Interessierten erreichbar ist. Ich beschränke mich darauf, einige Wesensmerkmale christlichen Betens – altbekannt, doch immer wieder in Vergessenheit geraten – in den Blickpunkt zu rücken.

Gebet aus der Vater-Kind-Beziehung

Das Einzigartige und Unvergleichliche christlichen Betens ist, daß es der Vater-Kind-Beziehung entstammt und von herzlicher Vertrautheit getragen werden darf. Und gerade hier frage ich, ob wir dieses Talent christlichen Betens entsprechend ausgeformt haben. Unser Gebet dürfte dem Gespräch des Kindes mit seinem Vater gleichen. Alles hat darin seinen Platz: Dank, Lobpreis, Verehrung, Beteuerung der Liebe, Bitte, Fürbitte.
Nehmen wir einmal die natürliche und gesunde Vater-Kind-Beziehung als Modell, um Züge für unser Beten darin zu erkennen.

Dabei scheint mir, als sei gerade diese Weise des Betens dem Menschen von heute fremd geworden. Der heutige Mensch versteht sich als der emanzipierte; er pocht auf seine Freiheit; er will groß sein und nicht klein; Erwachsener und nicht Kind; er will sich selbst bestimmen, nicht über sich verfügen lassen.
Es mutet an, als wolle er gar nicht Kind Gottes des Vaters sein. Partner Gottes zu sein, dünkt ihm gemäßer. Ob er sich dabei nicht doch überschätzt und für zu wichtig hält? Das wäre verhängnisvoll. In dem Augenblick, da sich der Mensch groß und wichtig dünkt, vereitelt er Gottes Wirken.
Gott hat uns nun einmal durch Jesus Christus diese Vater-Kind-Beziehung geoffenbart und uns in sie hineingenommen.
Die Anrede, die Jesus uns schenkt, wenn er uns lehrt zu Gott „Abba“ zu sagen, ist eine Koseform und entspricht etwa unserem „lieber Vater, Vati, Papi“. Es ist eine Anrede, die von herzlicher Liebe getragen ist – sonst kommt sie dem Kind wohl gar nicht über die Lippen –, gleichzeitig sagt sie etwas aus über die tatsächliche Liebenswürdigkeit des Vaters.
Glücklich ein Kind, das einen Vater hat, den es so ansprechen kann!
Aber wann sagen wir Christen denn zu Gott in Liebe und Bewunderung: „Du lieber Vater“?
Vielleicht müßte jeder einmal darüber meditieren, was das für ihn persönlich bedeutet, welche Konsequenzen für sein Leben sich daraus ergeben.
Schauen wir doch einmal näher hin, welche Chance für uns und die Menschheit in dieser uns geschenkten Beziehung sich verbirgt.
Ein Vater, der sein Kind liebt, wird alles tun, um dieses Kind zur vollen Entfaltung seiner selbst zu führen. Er wird

die Etappen des kindlichen Reifens in Liebe und Sorge begleiten.

Er wird ihm behilflich sein beim Aufbau einer glücklichen Zukunft – und wenn er es vermöchte – würde er sein Kind mit einem Leben beschenken, das kein Ende kennt.

Weiters wird er seinem Kind, auch wenn es längst erwachsen ist, verstehend zugewandt bleiben, bereit, dem Kind mit Rat und Tat beizustehen, wann immer es dessen bedarf.

All das, was ohne Zweifel Gültigkeit besitzt für eine gesunde Vater-Kind-Beziehung, dürfen wir auf Gott übertragen. Gewiß, es bleibt eine Analogie, d. h. die Unähnlichkeit ist immer größer als die Ähnlichkeit. Dennoch behält das Bild seine Gültigkeit und Aussagekraft, wird es uns doch von Jesus selber als verständniserschließend angeboten und geschenkt.

Gott geht mit denen, die sich ihm in kindlicher Liebe hingeben, um, wie eben nur ein *liebender, weiser* und *reicher* Vater umgehen kann.

Dem *liebenden* Vater gleich, wählt er die Wege des Kindes nach dessen Leistungskraft, nicht ohne sie vorher selbst abgeschritten zu haben.

Er gibt und nimmt, dem *weisen* Vater gleich, belastet und erleichtert, wie es dem Wohl des Kindes entspricht und seiner Entfaltung dienlich ist.

Und er beschenkt es, dem *reichen* Vater gleich, aus der Fülle seines Reichtums und im Maße seines Fassungsvermögens.

Das Kind aber kann in grenzenlosem Vertrauen seines Weges gehen, mag er in der Sonne oder im Schatten liegen, steil oder bequem, moosig oder steinig sein.

Es kann in unbekümmerter Sorglosigkeit, wie sie nur Kindern eigen ist, den Vater an sich handeln lassen, gleich ob er gibt oder nimmt.

In der Liebe des Vaters beheimatet, überläßt es sich ihm zur

Gänze, zumal es sich dessen bewußt ist, daß er besser erkennt, was dem Kind zum Heil dient, als es selber.
Und da es um den unerschöpflichen Reichtum des Vaters weiß, wird es nicht aufhören, bittend und fürbittend vor ihm zu bleiben. Damit jedoch gibt es dem Vater die Möglichkeit, unablässig von seinem Reichtum dem Kind zuzuteilen.
Darin liegt die Chance des Kindes; es kann zum Verteiler werden:
Selber reich beteilt, vermag es andere zu beteilen.
Selbst reich beschenkt, vermag es andere zu beschenken.
Selbst geborgen beim Vater, vermag es andere zu bergen und ihnen Heimat zu geben.
Das ist die Aufgabe derer, die Kinder Gottes heißen und es sind!

Problem Bittgebet

Ich bin mir durchaus des Problems bewußt, das der moderne Mensch im Gebet, vor allem im Bittgebet sieht: Warum sollen wir Gott bitten, weiß er nicht selber besser, wessen wir bedürfen? Kennt er nicht im vorhinein in seiner Allwissenheit unsere Anliegen?
Also erübrigt sich logischerweise – so meinen wir – ein Bittgebet.
Was bei Richtigkeit dieser Behauptung dennoch beibehalten werden müßte, sind beispielsweise Lobpreis, Anbetung, Dank. Gewiß, was die Wertigkeit anlangt, an erster Stelle. Doch fragen wir uns ehrlich, wie oft findet sich wohl der Durchschnittsmensch in Anbetung und Lobpreis vor Gott ein? Setzt nicht dieses Gebet eine lebendige Beziehung zu Gott und gemachte Gebetserfahrung voraus? Lebt nicht dieses Gebet aus der Erfahrung, daß Gott unser Vater ist, vor den wir alles bringen dürfen, der uns in Liebe zuge-

wandt bleibt, bereit, uns zu beschenken? Und wird nicht das Kind, das schon oft seine Hände vom Vater gefüllt bekam, sich eher zum Lobpreis gedrängt sehen?

Die Stellen im Neuen Testament sind zahlreich, an denen Jesus die Seinen eindringlich aufruft zu bitten, er nötigt sie geradezu, was den Gedanken nahelegt, daß Gott von uns bittend angerufen werden will! Es ist wohl so, daß erst der Mensch, der sich bittend Gott öffnet, von ihm auch beschenkt werden *kann*!

Dieser Mensch bietet Gott sozusagen die Möglichkeit, ihn zu beschenken.

Denken wir an den blinden Bartimäus. Da sitzt er am Straßenrand in seiner Finsternis und ahnt im Vorübergang des Herrn die Chance seines Lebens. Er nützt sie. Dabei tut er nichts anderes als wir, wenn wir beten, nur tut er es anders als wir!

Wir pflegen im allgemeinen Gott sachlich, eher leidenschaftslos und oft ohne wirkliche Hoffnung auf Erfüllung, unsere Bitten vorzutragen, einem Bittsteller gleich, der es halt bei der vorgesetzten Behörde versucht.

Anders der Blinde, er schreit, schreit aus Leibeskräften – wir können es nachlesen –, die Umstehenden heißen ihn schweigen. Er aber denkt nicht daran! Er schreit seine Not heraus! Er schreit sich die heilende Geste Jesu herbei: „Jesus, erbarme dich meiner!“ Er gibt nicht auf mit seinen Notrufen! Wirklich, er betet vertrauensvoll und beständig – und dabei kennt er noch gar nicht die „Geschichte“ vom zudringlichen Freund, der um Mitternacht um Brot bittet und mit seinem lästigen Klopfen alle aufweckt und stört, aber dadurch auch zum gewünschten Erfolg kommt (vgl. Lk 11, 5–8).

Und Jesus erhört und heilt Bartimäus.

Wie auch soll es anders sein, schließt doch Jesus diese Unterweisung über das Gebet an seine Jünger damit, daß er ihnen sagt: „Bittet, und ihr werdet bekommen. Sucht, und ihr werdet finden. Klopft an, und man wird euch öffnen ...“ (Lk 11, 9–13).

Es ist wohl so, daß der Mensch durch seine Geste des Betens die „Schleusen“ öffnet, damit der „Zustrom“ Gottes, der „Einfluß“ Gottes, geschehen kann; als ob er den „Landeplatz“ für das Ankommen der göttlichen Gabe bereitete.

Der Beter verhält sich wie der Patient, der vor dem Arzt seine Wunde bloßlegt, und damit dem Arzt die Möglichkeit gibt, sie zu behandeln und zu heilen.

Oder denken wir umgekehrt an einen von Zahnschmerzen Geplagten, der zum Zahnarzt kommt und dann den Mund nicht aufmacht. Der Arzt kann ihm nicht helfen, weil der Patient die not-wendenden Bedingungen nicht herstellt.

So ähnlich wird der Mensch, der sich bittend an Gott wendet, aufnahmebereit und -fähig für die Gabe Gottes. Gott be-gabt den Bittenden! Der Mensch, der sich so verhält, deklariert sich als Bedürftiger und gibt Gott die Ermächtigung,an ihm zu handeln und ihn zu beschenken.

Gott wartet offenbar auf diese „Einverständniserklärung“ unsererseits, um seinerseits die „Ströme des lebendigen Wassers“ in die von uns bereitgestellten Gefäße strömen zu lassen.

Es spricht alles dafür, daß Gott sein Wirken von unserer Bereitschaft und Sehnsucht abhängig macht. Er fällt nicht über uns her, er rührt uns nur an, wenn wir uns anrühren lassen; er bricht nicht bei uns ein wie der Dieb, er klopft nur an, und es liegt bei uns, ihn einzulassen. Er wartet, bis wir auftun, und seine Gabe entspricht der Sehnsucht unseres Herzens, die die „Trägerwelle“ unseres Bittens ist.

So finden sich menschliche Bitte und göttliches Wirken untrennbar miteinander verknüpft, ja das eine ermöglicht sozusagen das andere.

Gebet wird so zur großartigen Chance des Menschen. Betend kann er sich selbst, die andern und die Welt verwandeln, verändern.
Und ein Höchstmaß an Wirksamkeit wird dort geschenkt, wo sich der Mensch in der Rolle des alles erwartenden Kindes Gott öffnet und hingibt, denn, das Kleine hat sich der Herr erwählt, das Große zu beschämen! (vgl. 1 Kor 1, 26ff).
Aber wer von uns ist schon gern klein und schwach? Paulus hat wohl begriffen, welche Chance in der menschlichen Schwachheit liegt, wenn er schreibt: „Ich will mich meiner Schwachheit rühmen, damit die Kraft Christi sich niederlasse auf mich ... denn wenn ich schwach bin, dann bin ich stark" (2 Kor 12, 9f).
Oder denken wir an die Weise, in der die kleine heilige Theresia ihr Sein vor Gott verstand. Sie war ganz Kind vor ihm. Aus all ihren Schriften (vgl. Therese von Lisieux, Gedanken über das Leben, Johannes-Verlag, [3]1973) wird diese Haltung deutlich, ja sie verstand es, daraus gleichsam Kapital zu schlagen: „In meiner Schwachheit liegt mein ganzes Vertrauen."
„Stellen wir uns in die Reihe der Unvollkommenen, die Gott jeden Augenblick stützt."
„Weil ich nichts habe, werde ich alles von Gott bekommen."

Gebet und Demut

Vielleicht tut sich der heutige Mensch auch deshalb schwer mit dieser kindlichen Weise zu beten, weil sie *Demut* voraussetzt. Demut ist heutzutage eine kaum geschätzte und gepflegte Tugend. Ein Grund dafür mag sein, daß das Wort Demut im Laufe der Zeit eine Aushöhlung und Abwertung durchgemacht hat.

Wir wollen einmal nachfragen, worin Demut eigentlich besteht.
Sicher heißt demütig sein nicht, sich klein machen, zurücktreten, sich nichts zutrauen; es hat auch nichts zu tun mit mangelndem Selbstwertgefühl oder gar mit Minderwertigkeitskomplexen, denen man – um aus der Not eine Tugend zu machen! – das Mäntelchen der Demut umhängt, um sie zu kaschieren.
Demut bedeutet auch nicht sich unterschätzen, sondern sich richtig einschätzen! Demut entstammt ja gerade der rechten Selbsterkenntnis und Selbsteinschätzung. Sie ist die Folge dieser Selbsterkenntnis und geht Hand in Hand mit der Erkenntnis des Angewiesenseins auf Gott, der selbst das zu schenken vermag, was der Mensch an sich vermissen muß, was er als fehlend erkennt.
Ein demütiger Mensch weiß somit um seine Fähigkeiten und Talente, die er als von Gott geschenkt annimmt und alles aus ihnen herausholt; er weiß aber auch um seine Grenzen und Fehler, steht dazu, gesteht sie ein; auch vor sich selbst – daher erübrigt es sich für einen demütigen Menschen, sich selbst und anderen etwas vorzuspielen.
Er darf es riskieren, der zu sein, der er nun einmal ist, denn er weiß, daß Gott ihm – wenn er darum bittet – das schenken wird, was ihm fehlt, das ergänzen wird, was ihm abgeht. Es ist eine alte biblische Weisheit: „Gott widersteht den Hoffärtigen, den Demütigen aber gibt er Gnade!" (Spr 3, 34).
Dies einfach deshalb, weil sich der *Demütige* der ihm notwendigen Zuwendung Gottes bewußt bleibt, dies betend ausdrückt und damit Gott die Möglichkeit gibt, ihn überreich zu beschenken.
Der *Stolze,* Selbstgefällige hingegen klopft sich selbst auf die Schulter, um sich seiner Tüchtigkeit zu rühmen. Er mag

auf der Hut sein, die Tatkraft könnte ihm unter Umständen schnell abhanden kommen!
Gott wird an den beiden ähnlich handeln, wie ein irdischer Vater: Er wird das überhebliche Kind, das meint, alles zu wissen und zu können, das sich gewaltsam der Obsorge des Vaters entziehen will, in seinen Selbststand hinein entlassen; anders wird er mit dem Kleinen umgehen: er wird es nicht wegschicken, wenn es hungernd, frierend oder verletzt bei ihm Zuflucht nimmt. Vielmehr wird er seinen Hunger stillen, seine Blößen bedecken, seine Wunden heilen; gibt ihm doch das Kind durch sein Kommen die Möglichkeit,helfend einzugreifen.
So kommt es, daß Gott gleichsam nicht anders *kann*, als den demütig Bittenden überreich zu beschenken.

Gebet des Augenblicks

Aus den vielen Möglichkeiten zu beten, möchte ich eine herausgreifen, die mir insbesondere für den gehetzten Menschen unsrer Tage geeignet und praktikabel erscheint. Ich möchte sie „Gebet des Augenblicks“ nennen und beziehe mich dabei in etwa auf das, was man gern mit Stoßgebet bezeichnet hat. Es geht aber über das hinaus und entspricht eher dem, was die alten Lehrer geistlichen Lebens meinten, wenn sie vom Leben in der Gegenwart Gottes sprachen. Am besten vergleichbar ist es dem Jesusgebet, wie es im ostkirchlichen Mönchtum geübt wird.
Worin besteht nun dieses Gebet des Augenblicks? Der Betende versucht innerlich, den Vater gleichsam einen Augenblick lang „anzuschauen“ und drückt das aus in eine Formulierung, die ihm entspricht, mit der er sich identifizieren kann; etwa:

„Ich bin froh, dein Kind zu sein!
Ich weiß, daß du mein Vater bist!
Vater unser!
Dein Wille, nicht der meine!
In dir bin ich ruhig.
Weil du mein Vater bist . . ."

Es ist durchaus möglich – und das ist gar nicht so selten –, daß jemand, nicht zunächst zu Gott als Vater eine herzliche Beziehung findet, sondern mehr auf Jesus hin bezogen ist und sich betend eher an ihn wendet.

Das macht nichts, denn beide Wege sind gleichermaßen zielführend! Oft dauert es bei Menschen, die in ihrer Kindheit einen Vater entbehren mußten oder deren Vaterbeziehung argen Belastungen ausgesetzt war, lange, bis sie zu Gott dem Vater finden. Der Zugang ist ihnen durch ihre negativen Erfahrungen verbaut. Sie tun gut daran, sich einfach an Jesus zu halten, der von sich sagen konnte: „Wer mich sieht, sieht den Vater" (Joh 14, 9).

Sie werden versuchen, mit Jesus in „Blickaustausch" zu treten.

Manchmal wird allein das innerliche Nennen seines Namens alles beinhalten: „Jesus!" – oder

„Für dich, mit dir, in dir!
Denke du, rede du, handle du!
Jesus, Sohn Gottes, erbarme dich meiner!
Herr, ich glaube an dich!
Jesus, ich liebe dich."

Weil aber Gebet ebenso intim ist wie das Gespräch zweier Liebender, ist es kaum möglich, für andere diesbezüglich geeignete Vorschläge zu machen. Jeder wird *seine* Formulierung suchen und finden müssen. Sie soll für ihn persönlich und für den Augenblick stehen können.

Es gibt Formulierungen, die sich nie abnützen oder ent-

leeren; aus deren Wiederholung der Mensch leben kann. Sie werden jedoch von Mensch zu Mensch sehr verschieden sein.
Wenn Carlo Caretto von sich schreibt, daß es Tage gibt, da er nicht anders kann, als Gott unablässig sagen: „Mein Gott, ich liebe dich!" – ist das nur eine selbstverständliche Reaktion auf das Ergriffensein von Gott.
Wann immer einem Menschen Gott aufgeht, ist er hingerissen in Liebe und Bewunderung und wird gedrängt, dem Ausdruck zu verleihen in Wort und Tat.
Vielleicht müßte jener, der sich denkt: auf die Idee, Gott zu sagen, daß ich ihn liebe, wäre ich auch noch nicht gekommen! – beginnen mit der Beteuerung des Wunsches: „Gott, ich möchte dich lieben."
Vielleicht müßte jener, dem das alles fern, unrealistisch oder sonderlich vorkommt, damit anfangen zu beten: „Gott, ich möchte an dich glauben!" oder „Ich will dich suchen, laß mich dich finden!"
Wie immer die Formulierung heißen mag, es geht darum, Gott einen Augenblick lang anzuschauen, mit ihm in herzlichen und häufigen Kontakt zu treten. Wem das ausgefallen oder überspitzt vorkommt, der soll es einmal versuchen, er wird staunen! Im Grunde ist es auch gar nicht so ausgefallen, wie man im ersten Moment glauben könnte, wenn einem diese Gedanken bislang fremd waren und daher neu sind. Denken wir doch an Menschen, die einander viel bedeuten. Werden sie nicht oft einen Blick miteinander wechseln, um sich wortlos zu verständigen, um sich ohne sichtbare Geste zu berühren?
Wieviel kann auf diese Weise ausgesagt werden! Was vermag der Blick des Geliebten alles zu beinhalten: liebendes Einverständnis, herzliches Mitgefühl, sorgenvolles Fragen, ängstliches Bangen . . .; und ist er nicht imstande, dem Ge-

liebten Ermunterung, Trost, Bestätigung, Bewunderung, Verstehen, Übereinstimmung und vieles mehr zu übertragen?
Gehen nicht zwei Menschen aus einem solchen Blickaustausch im Mit- und Füreinander neu bestärkt hervor?
Und das sollte von uns zu Gott hin nicht möglich sein, da wir doch wissen, daß sein Blick vom ersten Tag unseres Seins an voller Liebe auf uns ruht? Als Kinder des einen Vaters dürfen wir wissen, er wartet nur darauf, daß wir unser Auge – sprich Herz – in Liebe zu ihm erheben. So kann er uns denn auch all das zuteil werden lassen, was liebende Partner im Blickaustausch füreinander wünschen, ersehnen, erhoffen.
Diese Weise des Betens entspricht überdies voll und ganz dem Kindsein, das uns geschenkt ist.
Haben wir nicht alle schon beobachtet, wie Kinder, die liebende Eltern haben, an deren Blick ablesen, was sie tun sollen oder dürfen? Weisung und Warnung, Aufmunterung und Bestätigung – alles kann der Blick des Vaters aussagen. Und wie oft schaut ein Kind fragend, forschend, abwartend, aber auch liebend, vertrauensvoll, bewundernd auf seinen Vater, seine Mutter?
Es weiß wohl nur jener, der diese Weise des Betens übt, was wirklich darin verborgen ist. Er hat es schon erlebt, wieviel Freude, Kraft, Friede einem geschenkt werden, wieviel Ermutigung, Vertrauen und neue Liebe einen durchströmen können!
Das Gebet des Augenblicks könnte für den streßgeplagten Menschen unserer Tage zu einer unerschöpflichen Quelle der Kraft und Ruhe werden! Es müßte sich wie ein roter Faden durch den Alltag ziehen.
Zugegeben, am Anfang bedarf es der bewußten, gezielten Übung – aber wie bei allem: „Übung macht den Meister!“

Bald schon steigt es auf aus der Tiefe des Herzens, wie von selber. In Wirklichkeit jedoch ist es vom Heiligen Geist getragen und beseelt. So führt es, auf Dauer geübt, hinein in eine herzliche Vertrautheit mit Gott, die alles Begreifen übersteigt. Hektik und Angst, Spannung und Gereiztheit, Bedrückung und Sorge heben sich nicht auf, werden aber „gebremst", gemildert, gelindert. Manchmal auch – unter dem Blick des heiligen Gottes – geheilt.
Der Ernst des Lebens verliert seine Tödlichkeit, das Heitere gewinnt an Glanz; die Traurigkeit ist nicht mehr uferlos, die Freude hingegen wird zum Vorboten des ungetrübten Glücks; die Finsternis büßt ihre Undurchdringlichkeit ein, das Licht wird zum Abglanz der schattenlosen Freude, „die Gott denen bereitet hat, die ihn lieben".
Wir sollten dahin kommen, unverwandt den Blick des Herzens in Anbetung, Liebe und Hingabe auf den Herrn gerichtet zu halten. In dieser beständigen Offenheit auf Gott hin kann jener Geistesaustausch vollzogen werden, der in uns die Umwandlung bewirkt hinein in den neuen Menschen.
Die ständige Verbundenheit mit Gott schenkt nach und nach eine neue Weise zu leben. Neu werden das Denken und Urteilen, neu das Begehren und Wünschen, neu das Handeln und dessen Ziele. Das geschieht deshalb, weil sich unter dem Einfluß Gottes die Mitte des Menschen umgestaltet. Der Mensch wird tatsächlich zur neuen Schöpfung in Christus und als solcher denkt, wünscht und handelt er anders, christusförmiger.
Und genau das ist uns Christen ja schließlich aufgegeben: Christus will in uns wieder Gestalt annehmen im Sinne des paulinischen: „Nicht mehr ich lebe, Christus lebt in mir!" (Gal 2, 20).
Diese beständige Verwandlung ist ein Prozeß, der sich im

Stillen vollzieht und unbemerkt voranschreitet, der ungeduldigen Beobachtung entzogen.

Für einen Menschen, der diese Weise des Betens praktiziert – sie ist ja nur eine unter vielen, die zu einer lebendigen, herzlichen und dauerhaften Gottesbeziehung führen –, gibt es keine verlorene oder tote Zeit mehr. *Alles* wird ihn mit dem Herrn verbinden. Und im Blickaustausch mit ihm wird die unproduktivste Arbeit schöpferisches Tun, die unbedeutendste Beschäftigung „weltbewegend", weltverändernd. Einfach deshalb, weil durch einen Menschen, der Gott in Liebe zugewandt lebt, die Welt zum Bessern verwandelt wird; dies selbst dann, wenn der Betreffende dessen gar nicht gewahr wird.

Letztlich bleibt diese Weise des Betens – wie Gebet überhaupt – ein Geheimnis, das sich nur dem enthüllt, der vom Geist in das Geheimnis göttlichen Willens und Wirkens eingeführt wird. Und das geschieht dem, der es ersehnt, es erbittet. Der Herr selbst hat es uns bindend zugesagt. An uns liegt es, danach zu verlangen!

Gewiß, das Gebet des Augenblicks wird nicht die einzige Weise sein, in der sich der Mensch zu Gott hin aufmacht. Es verhält sich auch hiemit ebenso wie zwischen zwei Liebenden. Von Zeit zu Zeit werden sie ganz für sich allein sein wollen, um in ungestörtem Miteinander aufs neue zueinander zu finden und ineinander einzugehen. Wenn sich das Verlangen nach dieser herzlichen Zweisamkeit nicht mehr einstellt, sind sie einander schon entfremdet und werden einer solchen gemeinsamen Zeit umso notwendiger bedürfen; es sei denn, sie haben sich gänzlich auseinandergelebt und wollen sich trennen. Solange sie aber Tage des innigen Beisammenseins suchen, werden sie daraus in ihrer Liebe bestärkt hervorgehen. Der Alltag der Ehe wird davon neu belebt werden und die „erste Liebe" wird in ihnen wie-

der aufblühen können; gewandelt und gereift, aber umso tiefer und tragfähiger. Der in der Folge wieder häufig geübte Blickaustausch wird von diesen Tagen der beglückenden Erfahrung miteinander neu beseelt sein.
Ebenso wird der Mensch, der in der Beziehung zu Gott den tragenden Grund für sein Leben sieht, von Zeit zu Zeit in der Stille die Begegnung mit Gott suchen, um all das aufzutanken, was er braucht, um Gott und die Menschen auf jene Weise zu lieben, wie Gott es von ihm erwartet.

Gebet des Verweilens

Neben dem Gebet des Augenblicks wird es das „Gebet des Verweilens“ geben müssen, mit feststehenden Gebetszeiten, die man bewußt ausspart. Man wird in Treue zum vereinbarten „Treffpunkt“ kommen aus dem Wissen, daß jede Liebe der Begegnung bedarf, um lebendig zu bleiben.
In diesen ausgesparten Zeiten wird sich unser Beten manchmal mehr in den meditativen Schichten ereignen und wir werden Gottes innewerden auf dem Grunde unseres Seins, in den Tiefen unseres Wesens. Staunend, ergriffen und spürbar beschenkt, werden wir aus solchem Gebet hervorgehen. Neu von Gottes Wirkkraft durchströmt, neu von seiner Liebe durchsonnt! So können wir uns als Gewandelte der Welt und den Menschen zuwenden. Von der Kraft Gottes getragen, ist unser Engagement wirksamer; von seiner Liebe erwärmt sind wir imstande, in Kälte Erstarrte aufzuwärmen und aufzutauen; in der Nähe Gottes selbst gelöst, vermögen wir den erlösenden Kuß herzlicher Zuwendung – dem jedwede egoistische Absicht fremd ist – andern zu schenken, um sie zu erlösen.
So wandelt jedes echte Beten uns selbst und zugleich mit uns alle, deren Geschick mit dem unseren verwoben ist.

Ein anderes Mal wird unser Gebet mehr einem erzählenden Gespräch gleichen. Wir werden uns aus-reden bei Gott, wortreich mitunter; wir werden alles ausschütten, was sich angesammelt hat: Freude, Leid, Glück, Sorge, Angst, Befürchtung, Enttäuschung ... Wir werden ihm unsere Sorgen hinwerfen, gemäß dem Schriftwort: „Werft alle Sorgen auf den Herrn, denn er wird sich um euch sorgen!“ (1 Petr 5, 7). Und wir werden ihm die Menschen hinhalten, deren Geschick uns bewegt und für die wir Verantwortung tragen.
So werden die Wunden, die der Tag uns geschlagen, in der Nähe des Herrn Linderung und manchmal Heilung finden. Und für die, denen wir durch unseren Einsatz und mit unseren Mitteln nicht helfen konnten, wird der Herr selber sorgen und auch für sie alles zum Besten wenden!
Die Zeit allerdings ist sein! Und Gottes „Zeitplan“ unterscheidet sich von dem unsern wohl gewaltig!
Aber vor allem dort, wo es um das Heil anderer Menschen geht, dürfen wir im Vertrauen gelassen bleiben. Es gibt kein Gebet, das ohne Erhörung bliebe, nur das Wie und Wann müssen wir aus unserer Hand in seine geben!
Und wieder ein andermal wird unser Beten nicht mehr sein, als ein müdes, vielleicht sogar stumpfes Verweilen in seiner Nähe, das vom nackten Glauben getragen und von der Treue genährt wird. Aber selbst dann, wenn wir Gottes Gegenwart in keiner Weise gewahr werden, handelt Gott an uns, liebend und machtvoll.
Und wie auch immer unsere innere Verfaßtheit aussehen mag, die Früchte des Betens sind dennoch da und sie sind stets dieselben: ein Mehr an Glauben, Hoffen und Lieben; ein Mehr an froher Gelassenheit und einsatzbereiter Tatkraft. – Und da soll sich beten nicht auszahlen?!
Es ist also einerlei, ob wir beim Gebet gefühlsmäßig angesprochen sind oder nicht. Wir müssen aus unserer Verant-

wortung heraus die Begegnung mit dem Herrn suchen, gleichermaßen an den strahlenden Sonnentagen, da seine Nähe erfahrbar geschenkt ist, wie in den sternenlosen Nächten seiner scheinbaren Abwesenheit.
Die dunklen Wegetappen, betend durchschritten, vertiefen in ungeahnter Weise das Wirken Gottes in uns und durch uns.
Wir haben nichts anderes zu tun, als zur vereinbarten Zeit in gleichbleibender Treue vor Gott zu verweilen und im übrigen durch das Gebet des Augenblicks mit ihm verbunden zu bleiben.

Gebet der Kühnheit

Eine Eigenschaft, die unserem Beten häufig abgeht, ist die Kühnheit. Wir dürfen uns nämlich von Gott *alles* erwarten! Er ist immer der Schenkende, nur schenkt er manchmal *anders* und *anderes,* als wir es gerade möchten. Und das hängt zusammen mit unserem Unverstand und unserer „Kurzsichtigkeit“. Wir sind ja oft den Kindern gleich, die nicht wissen, was ihnen not- und guttut. Aber auch diesbezüglich handelt Gott an uns wie ein kluger Vater an seinem eigenwilligen Kind. Wenn es etwas begehrt, was ihm zum Schaden sein könnte, gibt ihm der vorsorgliche Vater eben etwas anderes in die Hand – nicht immer zur augenblicklichen Zufriedenheit des Kindes!
Wir alle sind oft dem kleinen Kind gleich, das Messer und Schere als Spieldinge haben möchte und zornig stampft und schreit, wenn es sie nicht erhält. Gewiß, wir dürfen und sollen alles vor Gott bringen, uns jedoch dann, im Glauben an seine Weisheit und Liebe, einfach überraschen lassen. Die Zeit wird kommen, da wir Gott für alles, was er uns –

in vorauseilender Liebe – nicht gewährt hat, loben und preisen und anbeten werden.
Kühn dürfen wir vor allem dort sein, wo wir unsere Grenzen erkennen, uns hart daran stoßen und spüren, daß wir anstehen. Augustinus gibt uns den guten Rat: „Bete um das, was du nicht kannst, dann wird Gott dir geben, daß du kannst."
Ich habe den Eindruck, daß wir dieses Gebet der kühnen Erwartung zuwenig verstehen und praktizieren. Und dabei ist es *die* Chance für uns!
Anstatt Gott zu sagen: „Herr, ich will mich heute bemühen, geduldig und gütig zu sein", wäre es besser zu beten: „Herr, gib du mir die Geduld, die mir ausgeht; gib du mir die Güte, die mir abgeht; gib mir alles, was ich brauche, um heute meine Aufgabe an der Welt nach deinem Willen zu erfüllen. *Alles* erwarte ich von dir!"
Wer so betet, der erhält, was er erwartet – alles.
Auch was unsere Beziehung zu Gott anlangt, müßten wir ähnlich beten: „Herr, schenk du mir den Glauben, mit dem du willst, daß ich an dich glaube; schenk du mir die Liebe, mit der du von mir geliebt werden willst; schenk du mir die Haltung der Anbetung, damit ich dich verherrliche, wie es dir gebührt."
In dieser Gebetshaltung haben die Heiligen gelebt und Werke vollbracht, die zu vollbringen menschlich unmöglich war. In dieser Haltung haben sie die Fülle der Liebe Gottes geschenkt bekommen und sich daher über das menschliche Maß hinaus liebend verschenken können.
Das Gebet, aus dem der Christ lebt, der sich seines Weltauftrages bewußt ist, müßte lauten: „Herr, schenk du dich mir, damit ich dich verschenken kann!" Einzig der betende Christ wird dem Auftrag, den er hat, gerecht werden und der Verantwortung, die er trägt, entsprechen.

Christsein ausleben

„Es ist kein Meister vom Himmel gefallen“ – auch kein Meister christlichen Lebens! Darum verhält es sich damit ebenso, wie mit dem Erlernen des Gitarrespiels: nur wer täglich übt, täglich neu versucht, nach dem Evangelium zu leben, wird aus der beständigen Wiederholung, aus der treuen Übung zur „Virtuosität“ gelangen.

Wichtig ist dabei, daß der Mensch geöffnet bleibt für den Einstrom der alles heilenden, erwärmenden Liebe Gottes und ganz bereit, ganz durchlässig, sie weiter zu verströmen. Ein solcher Mensch wird nach und nach auf eine einfache, fast selbstverständlich erscheinende Weise die erlösende Liebe Gottes weitergeben können.

Unsere Macht als Kinder Gottes

Ich fürchte, wir sind uns der Macht, die wir als Kinder Gottes haben, viel zuwenig bewußt. Wir bedenken nicht, daß wir durch die Taufe in besonderer Weise an den Stromkreis der Liebe Gottes angeschlossen wurden. Vielleicht haben wir vergessen, ihn einzuschalten? Oder sind etwa „Kabel“ schadhaft geworden? Leben wir am Ende im „Kurzschluß“? Manchmal schaut es danach aus!
Wir müssen uns aufmachen, um den Schaden zu beheben, ehe andere durch unser Versäumnis zu Schaden kommen!
Wir sind durch die Taufe in besonderer Weise hineingenom-

men in den „Kanalisationsplan“ der göttlichen Liebe. Durch uns wollen die Ströme seiner Liebe zu den vielen weitergeleitet werden. Ich fürchte nur, daß die „Rohre“ brüchig sind und es daher zu „Rohrbrüchen“ kommt!
Der Rost selbstgefälliger Überheblichkeit, die Kalkablagerung der Mißgunst, des Argwohns und des Zornes, die „Rohrverstopfung“ durch unsere mangelnde Bereitschaft zu vergeben – all das wirkt zusammen und führt zum Rohrbruch!
In der Folge ist der Zustrom der Liebe Gottes – für den die Christenheit insgesamt zuständig ist und Verantwortung trägt – unterbunden.
Und wir suchen die Schuld überall: im Zeitgeist, in der Säkularisierung, in der Institutionalisierung, im Papst, in der Kurie, in den manchmal nicht gerade geschickten Verkündern der Botschaft, im Wohlstand, in der Armut – nur nicht bei uns!
Wäre es nicht besser, zunächst das eigene „Rohrsystem“ in Ordnung zu bringen, zu säubern, durchlässig zu machen, anstatt anderorts auf Fehlersuche zu gehen?
Dabei ist es heilsam und ermutigend, sich einmal vorzustellen, welche Folgen die „Sanierung“ nach sich ziehen kann. Wahrhaftig, ein neuer Morgen könnte anbrechen, ein neuer Sonnenaufgang die Welt mit Wärme durchdringen, mit Leben erfüllen!
Eine Utopie? Nein, nur muß der einzelne mit der Realisierung in seinem kleinen Bereich beginnen, in der Familie, am Arbeitsplatz, in der Schule, im Geschäft, im Büro, in der Fabrik usw.
Was bringt das schon? Gar nicht so wenig! Unsere Weise, den Mitmenschen zu begegnen, schlägt Wellen, wirkt ansteckend, überträgt sich auf die anderen.
Wir alle kennen das im Positiven wie im Negativen. Wahr-

scheinlich hat jeder von uns schon erlebt, was geschieht, wenn er einen Tag übelgelaunt beginnt und sich die schlechte Gestimmtheit prompt auf die Umgebung überträgt. Im Nu sind auch die Kontaktpersonen mitverstimmt. So kann ein einziger übelgelaunter Mensch genügen, die gute Atmosphäre einer Gemeinschaft zu zerstören. Wir sind überaus „anfällig“ für so eine „Ansteckung“.

Von der Art, wie uns einer begegnet, hängt oft ab, wie wir ihm darauf antworten. „Wie man in den Wald ruft, so tönt es zurück!“ Gewiß würde es sich lohnen, öfter einen frohen, freundlichen „Ruf in den Wald“ zu wagen!

Versuchen wir beispielsweise einmal einen Tag in der Haltung freundlicher Offenheit allen gegenüber zu leben; das heißt, bewußt von sich weg und auf den anderen schauen, in Liebe und Wohlwollen, bemüht, ihm das Leben zu erleichtern. Dabei darf man aber nicht rechnen und zählen; das verdirbt alles!

Die Wirkung eines solchen Versuches wäre erstaunlich! Wo immer wir hinkämen, überall könnten wir Spannung lösen, Unmut beseitigen, Ärger mildern, Lasten erleichtern – kurz, die Situation zum Bessern verändern. Und dies meist ohne viele Worte oder Anstrengung, einfach durch unsere Weise da zu sein.

Ein Christ müßte ein Mensch sein, der ansteckende Heiterkeit ausstrahlt, in Güte und Menschenfreundlichkeit allen begegnet und mit unverwüstlicher Hoffnung begabt ist.

Da könnte jemand einwenden: Dann ist Christsein nichts für mich! Ich bin schwerlebig, schnell gedrückt, pessimistisch! Güte und Menschenfreundlichkeit können nicht hochkommen in mir, ich bin zu oft enttäuscht worden!

Da hilft nur eines: Um das bitten, was man nicht hat! Sich Gott hinhalten, um sich verwandeln zu lassen. In der Nähe Gottes gibt es Wesensverwandlung, gibt es Mutationen!

Durch das Wirken Gottes in uns können schlummernde Kräfte geweckt und entfaltet werden. Gewiß nicht von heute auf morgen!
Geduld mit sich selbst ist dabei notwendig!
Unser inneres Wachsen und Reifen ist ein Prozeß, der langsam und unbemerkt vor sich geht. Er ist dem Wachstum einer Pflanze vergleichbar. Müßig ist es dabei, sich in den Garten zu stellen, um dem Krokus wachsen zuzusehen; unsinnig ist es, sein Wachstum dadurch beschleunigen zu wollen, daß man ihn am Blumenkopf hochzuziehen sucht; auf diese Art wird man ihn höchstens ausreißen und damit alles verderben! Daher sind Geduld und Wegschauen von sich selber zwei wichtige Voraussetzungen für unser inneres Wachsen und Reifen.
Die Heiterkeit, Güte, Menschenfreundlichkeit und Hoffnung, mit der wir leben und den Menschen begegnen sollen, dürfen wir uns also schenken lassen. Nach und nach werden diese Haltungen uns zuwachsen und schließlich werden wir erstaunt sein über die Veränderungen, die in uns und um uns vor sich gehen.
Beginnen müssen wir damit, daß wir uns in Bereitschaft dem Herrn hinhalten und ihm sagen: „Da bin ich, Herr, ich möchte ganz durchlässig sein für dich. Zeige mir die schadhaften Stellen, die Blockierungen in meiner ‚Leitung'; hilf mir, sie auszubessern, sie zu beheben, damit du dich ungehindert durch mich an die Menschen verströmen kannst."
Das Hauptaugenmerk unsererseits müssen wir – vor allem zu Beginn dieses Umwandlungsprozesses – unserer Gedankenwelt zuwenden. Es geht dabei darum, „die Kraft des positiven Denkens" zur Entfaltung zu bringen.

Die Kraft der guten Gedanken

Wir unterschätzen vielfach die den Gedanken innewohnende Kraft. Tatsächlich jedoch beginnt jedes Heil, aber auch jedes Übel in unserem Innersten, in unserem Denken. Wir müßten uns bewußt dazu erziehen, Gedanken der Liebe, des Wohlwollens, der Vergebung, des Friedens in uns zu hegen. Sie gehen von uns aus, wie von einem Sender, unsichtbaren Wellen oder Strahlen gleich, die die Menschen um uns herum beeinflussen.

Nicht zufällig mahnt uns Jesus, dem Bruder nicht einmal zu zürnen (vgl. Mt 5, 22). Gedanken des Zornes, der Rache, der Mißgunst und Vergeltungssucht vergiften unser Inneres und machen uns krank im vollen Sinne des Wortes.

Ob nicht manche Krankheiten ihre Wurzeln in unserer negativen, düsteren Gedankenwelt haben? Während wir Verderben sinnen, verderben wir uns selber und die andern.

Wir müssen unsere Mitmenschen in gute, liebevolle Gedanken einhüllen. So helfen wir ihnen, die guten Kräfte freizusetzen; wir geben ihnen „Entwicklungshilfe" dadurch, daß wir gut, also aufbauend von ihnen denken.

Böse, gehässige Gedanken hingegen sind Störfaktoren, die den Mitmenschen in die gedachte Richtung festlegen wollen. Wenn wir jemand wenig liebenswert finden und ein Umgang mit ihm schwierig ist, dann braucht er umso mehr die Hilfe durch unser wohlwollendes Denken. Wir sollten ihn oft in „die Sonne der Liebe Gottes" halten, um ihn wärmen und aufhellen zu lassen!

Und was tun wir? Wir wünschen so jemand zum Teufel, oder schaffen ihm – in Gedanken natürlich –, er soll uns . . .! So verweigern wir ihm den aufbauenden, heilenden Beistand unseres positiven Denkens.

Allerdings will das Aussenden konstruktiver Gedanken geübt sein. Es fällt einem am Anfang gar nicht leicht, weil wir zu schnell und wie selbstverständlich in destruktives Denken abgleiten. Beispielsweise sind wir sofort geneigt, in einer Situation der Spannung sämtliche schlimme Möglichkeiten eines Ausgangs im Geist ins Auge zu fassen:
Unser Kind ist auf einen Baum geklettert. Wir sehen es schon herabstürzen und mit gebrochenem Arm liegenbleiben – anstatt es im Geist fröhlich und gesund am Baum festzuhalten!
Der Partner kommt nicht zur vereinbarten Zeit. Wir sehen ihn schon in einen Autounfall verwickelt und schwerverletzt im Krankenhaus – anstatt ihn einfach der machtvollen Liebe Gottes auszusetzen!
Einer von unseren Lieben ist erkrankt. Die ärgsten Befürchtungen steigen in uns auf. Es ist richtig, daß unsere Gedanken um den geliebten Menschen kreisen, jedoch nicht um seine Krankheit sollen sie kreisen, sondern um seine Gesundung. Wir sollen ihn uns heil und wiederhergestellt vorstellen, und dabei sämtliche Mittel, die dazu dienen, auch tatsächlich gebrauchen. Dazu gehören neben Arzt und Medikamenten auch die Heilkraft, die dem Beten entstammt. So werden wir ihm optimistische Gedanken senden, Gedanken, geladen mit Zuversicht und Lebenskraft.
Nicht aber sollen wir uns und die anderen damit quälen, daß wir ihn sterbend vor uns sehen und das Begräbnis im Geiste ablaufen lassen. Solch ein Denken wirkt störend auf unseren Gemütszustand und auf den des Kranken.
Unseren Gedanken wohnt wandelnde Kraft inne. Wir sind imstande, Mißgunst in Wohlwollen umzudenken; Mißtrauen durch Vertrauen zu zerstreuen; Zorn und Unmut durch Gedanken des Friedens zu besänftigen; Angst und Unsicherheit durch Ermutigungsdenken zu vermindern.

Gedanken des Friedens führen zur Gesinnung des Friedens und ermöglichen Taten des Friedens; Gedanken des Vertrauens helfen mit, im andern Vertrauenswürdigkeit zu entfalten.
Haßerfüllte Gedanken hingegen gebären Grausamkeit; Mißtrauen vergiftet die Atmosphäre; ängstliche Sorge verunsichert und zieht das Versagen in Belastungssituationen förmlich herbei.
Der Mensch wird nach und nach zu dem, womit er sich innerlich beschäftigt; zu dem, was er in seinem Innern erwägt. „Sage mir, was du denkst, und ich sage dir, wer du bist!" – könnte man in Abwandlung eines Sprichwortes sagen.
Das Wissen um die Bedeutung und den Prägecharakter der menschlichen Gedankenwelt steht auch hinter der Praxis der Gehirnwäsche. Nicht umsonst gesteht man in den Kerkern totalitärer Staaten den Gefangenen oft nicht einmal das Recht auf eigene Gedanken zu. Das geht so weit, daß man sie nötigt, ihre Gedanken preiszugeben, und mit allen Mitteln versucht, sie dahin zu bringen, das zu denken, was zu denken der Parteiapparat für richtig erachtet und zu denken vorschreibt. Erst wenn einer bis in die aufkeimenden Gedanken hinein mit dem diktierten Denken konform geht, gilt er nicht mehr als reaktionär. Dann ist er umerzogen und für diese Gesellschaft tragbar – vorausgesetzt, er hat alle Torturen bis dahin überlebt!
Wir, die wir uns innen und außen in Freiheit entfalten dürfen, müssen uns dazu erziehen, mehr und mehr den hellen, freundlichen, wohlwollenden Gedanken die Oberhand zu lassen.
Fallen uns bisweilen Gedanken der Finsternis an, sollen wir uns spontan dem Licht zuwenden. Nicht ängstlich, nicht verkrampft, sondern spielerisch und mit Leichtigkeit.

„Jesus, denke du in mir!“ Lassen wir uns in unserem Denken ganz von ihm durchdringen! Lassen wir unseren Geist vom Geiste Jesu prägen, damit seine Gedanken zu den unseren werden.

Je mehr das geschieht, desto mehr kann durch uns ein Stück dieser Welt zum Bessern verändert werden, jenes Stück, jener kleine Bereich eben, in dem wir leben, für den wir Verantwortung tragen.

Je mehr ein Mensch mit seinem ganzen Wesen in Gott verankert ist, desto kraftvoller und wirksamer wird auch sein gedanklicher Einfluß auf die Mitmenschen. Ein in Gott beheimateter Mensch ist daher „einflußreicher“, weil Gottes Liebe und Kraft in ihn einfließen und durch ihn die anderen beeinflussen kann.

So beginnt die Veränderung der Welt in unserem Innern, dort, wo wir bemüht sind, unsere Gedanken in Ordnung zu halten – sie von negativ auf positiv umzupolen.

Die Wellenlänge des Heiligen Geistes

Das allerdings will beständig geübt sein, bis schließlich düsteres, bedrückendes, zersetzendes Denken in uns keinen Platz mehr findet und wir die negativen „Sendungen“ einstellen, dafür jedoch umso mehr auf der positiven „Wellenlänge“ senden, auf der Wellenlänge des Heiligen Geistes.

„Ich denke Gedanken des Friedens“, spricht der Herr. Lassen wir seinen Gedanken in uns Raum, und die Räume, in denen der Friede durch die Tat sich realisieren kann, werden sich ausdehnen.

Haben Sie schon bedacht, daß sämtliche in der Bergpredigt geforderte Haltungen ihren Sitz zunächst in unserem Sinnen und Denken haben müssen? Dort verankert werden sie zur

Gesinnung, die in der Konfrontation mit der Realität beibehalten, zur Haltung werden kann.
Wir müssen uns dessen bewußt bleiben, daß sich im Denken des Menschen ungeahnte Kräfte verbergen. Von Jesus heißt es: „Es ging eine Kraft von ihm aus", es war dies die Kraft seines Geistes, jenes Geistes, der nur Gutes und Heiliges sinnt, eben des Heiligen Geistes.
Von dieser Geisteskraft war Jesus ganz erfüllt, daher waren ihm Gedanken des Übelwollens, der Vergeltung, der Bosheit, der Unlauterkeit fremd. Sein Wesen war so sehr vom Heiligen Geist durchdrungen, daß diese Kraft selbst nach außen hin spürbar und wirksam wurde.
Auch uns läßt er an dieser Kraft teilhaben, er will sie uns mehr und mehr eingießen. Wir müssen uns dafür bereitmachen, indem wir danach verlangen und bewußt unsere Gedanken auf das Gute, Frohe, Helle, Reine hinlenken und versuchen, dort zu verweilen. Während wir uns darum mühen, öffnen wir dem „Geisteseinfall" Gottes Tür und Tor.
Dabei müssen wir bestrebt bleiben, alles auszuräumen, was das Wirken des Heiligen Geistes in uns hindern will.
Ein Haupthindernis ist beispielsweise die Weigerung zu vergeben. Der Groll, den wir gegen andere in uns nähren, wirkt wie eine Sperrung, die uns unfähig macht, den Geist Jesu in uns aufzunehmen. In diesem Fall ist das „Empfangsgerät" gestört. Erst nach Behebung der Störung, nach der „Entstörung" sind „Empfang" und „Sendung" wieder möglich.
Dem Geist Gottes ist es eigen, sich zu verströmen. Der Mensch aber verfügt über die fatale Fähigkeit, Sperren, Blockaden, Störzonen aufzubauen, um so sein Wirken zu hindern, zu verzögern oder gar unmöglich zu machen. Wenn er sich so verhält, ist er einer Glühbirne vergleichbar,

deren Faden schadhaft geworden ist. Sie kann keine Leuchtkraft entwickeln, obschon die Zufuhr der Elektrizität klaglos funktioniert. Eine Glühbirne allerdings ohne Leuchtkraft gehört zum Abfall, sie hat ausgedient!
Ein Christ ohne Leuchtkraft?

Das Talent des Christseins entfalten

Als Christen befinden wir uns in der Rolle dessen, der im Gleichnis fünf Talente bekommt. Fragt sich nur, ob wir uns auch so verhalten wie er! Er hat ebenso klug wie verantwortungsbewußt gehandelt. Er hat seine Talente nicht vergraben, nicht brach liegenlassen, sondern damit gearbeitet.
Wir verstehen heute wohl noch besser als die Zuhörer zur Zeit Jesu, was damit gemeint ist. Geld wird niemand mehr im Strumpf wie zu Urgroßmutters Zeiten aufbewahren oder in der Erde vergraben. Man legt es auf die Bank oder setzt es in Umlauf. „Der Schilling muß rollen", das Wirtschaftsleben muß in Fluß gehalten werden, Stagnation ist tödlich. In ihrem Gefolge kommen Arbeitslosigkeit, Armut, Hunger, Elend.
Mit dem uns anvertrauten Talent des Christseins verhält es sich ebenso. Wir müssen auch damit arbeiten, es in Umlauf bringen! Wehe uns, wenn wir es in uns einschließen, es „vergraben"! Wir müssen es, der ihm innewohnenden Kraft entsprechend, ausgeben, „ausleben"! Dort, wo das geschieht, verdichtet sich wieder seine ursprüngliche Lebenskraft, dort kehren die Freude und der Elan des Anfangs zurück; sowohl für den einzelnen wie für die Christenheit insgesamt.
Übrigens haben wir das Christentum nicht gepachtet. Kein

Volk, kein Land hat ein Anrecht darauf. Die, die das Talent gerade in Verwaltung haben, mögen sorgsam damit umgehen, es kann ihnen nämlich wieder genommen werden. Denken wir nur an die einst so blühenden Christengemeinden des Nahen Ostens oder Nordafrikas. Heute ist das Christentum dort verschwunden, wie hinweggefegt. Anderswo ist es aufgebrochen, hat zu blühen und Früchte zu tragen begonnen. Wie lange? Niemand hat eine diesbezügliche Zusicherung. Eines jedoch steht fest, solange jemand das Talent ausgibt, es in Umlauf setzt, solange besitzt er es auch. Stagnation ist auch hierin tödlich!

Es verhält sich ebenso wie mit einem Gewässer: Ein lebendes Wasser ist gekennzeichnet durch Zufluß und Abfluß. Beides ist notwendig, damit das Wasser sich reinige und frisch bleibe. Verliert es jedoch seinen Zu- und Abfluß, wird es zum stinkenden Tümpel. Es hat seine eigentliche Funktion verloren.

So geht es uns also wie dem Mann im Gleichnis. Uns ist das Talent Christsein anvertraut. Wir tragen Verantwortung und werden Rechenschaft ablegen müssen.

Als Christen besitzen wir für uns selber ein „Mehr an Lebensqualität“ und sollen andere daran teilhaben lassen.

Als Christen haben wir Kenntnis von der gültigen Antwort auf die Frage nach dem Woher und Wohin des Menschen und sollen sie an die Fragenden weitersagen.

Als Christen sind wir im Licht und sollen für die im Dunkel Tappenden zum Licht werden.

Als Christen trinken wir aus der Quelle des „lebendigen Wassers“ und sollen die Wasser des Lebens weiterverströmen.

Als Christen essen wir das Brot, das der Herr selber ist, und haben den Auftrag, den andern Brot zu sein, genießbar und kräftigend.

Als Christen gehören wir zu den „Reichen“ und sollen aus dem Schatz, der uns übergeben ist, austeilen. Nur so erhält er sich uns und vermehrt sich noch dazu. Aber vielleicht fehlt es uns an christlichem Selbstwertgefühl, am rechten christlichen Selbstverständnis? Manchmal hat man den Eindruck, daß nicht wenige Christen – durch Geburt und Taufe in der sogenannten christlichen Familie – ins Christsein „hineinpurzeln“ und dem Mehr an Lebensqualität noch gar nicht auf der Spur sind.
Vielleicht hat hier die Erziehung, die viele von uns erhalten haben, eine ungünstige Wirkung gezeitigt.
Wir sind in erster Linie dazu angehalten worden, unsere Christenpflichten zu erfüllen. Ist doch jetzt auf Erden Prüfungszeit und nur der, der diese Prüfung besteht, seine Pflichten als Christ treu erfüllt, hat eine reelle Chance in den Himmel zu kommen. Diese Chance möchte man auch nicht gerade verscherzen, denn – „wenn es nach dem Tod doch etwas gibt!“ Da schon lieber ein Morgen- und Abendgebet beten! Eine Stunde am Sonntag wird man auch noch erübrigen können, um die Sonntagspflicht zu erfüllen! Und einmal im Jahr kann man schließlich auch beichten und kommunizieren gehen, zumal das mit der Beichte heute gar nicht mehr so genau ist. Wenn man Glück hat, findet man eine günstige Bußfeier! Ja und sonst ist eigentlich nicht mehr viel gefordert – die Zehn Gebote halten, das versucht man ohnedies, will man doch selber mit allen so halbwegs auskommen, um seine Ruhe zu haben. Nur so nebenbei – die Zehn Gebote beobachten auch die Nichtchristen, sofern sie menschlich zu leben bemüht sind!
Es liegt auf der Hand, daß bei einer solchen Sicht des Christlichen, das, was Christsein zu dem macht, was es ist, nicht einmal durchschimmern kann!
Wer sein Christsein so versteht, ist einem Kinde ähnlich,

das sich notgedrungen mit der Mathematik befaßt, weil es nun einmal die letzte Schularbeit positiv abschließen muß, damit es durchkommt. Ein „Nachzipf" soll vermieden werden. Also wird gerade so viel studiert, daß ein Genügend herausschaut – (bleibt zu hoffen, daß sich der Schüler nicht verkalkuliert!) alles unter der Devise: Hauptsache Durchkommen!

Interesse am Fach, Faszination über die Welt der Zahlen, Freude an der Lösung kniffeliger mathematischer Probleme, werden sich in solch einem Fall kaum einstellen. Der Schüler wird sich für die Mathematik nicht erwärmen können, er wird der Minimalanforderung genüge tun, das Eigentliche jedoch kann sich ihm dabei nicht erschließen.

Das mag im Fall der Mathematik weiter nicht schlimm sein, wenn derselbe Schüler andere Fähigkeiten hat und sie entfaltet.

Schlimmer ist es, wenn es mit dem Christsein so steht, weil einer, der im Minimalismus und Legalismus steckenbleibt, am Wesentlichen vorbeigeht. Die wirkliche Dimension des Christseins, das Mehr an Lebensqualität, bleiben für ihn verborgen. Er dringt gar nicht so weit vor, so weit ein, daß es sich ihm erschließen, enthüllen könnte. Er verhält sich wie jemand, den man in Kenntnis davon setzt, daß sich unter seinem Grund und Boden Ölverkommen befinden. Daraufhin bohrt jener bis in etwa drei, vier Meter Tiefe und gibt dann auf mit der Bemerkung: das muß genügen, wollen wir warten, ob etwas herausspringt!

Nichts wird herausspringen! Zu sprudeln beginnt es erst in anderen Tiefen, das weiß jedes Kind! Wer die Mühe des Bohrens scheut, wird nicht fündig werden! Es ist wie bei allen kostbaren Dingen: sie schwimmen nicht an der Oberfläche, liegen nicht auf der Straße, springen nicht einfach ins Auge oder gar in die Hand! Man muß sich mit Kraft und

Ausdauer um sie mühen! Und das nicht nur einmal oder hie und da!

Ich habe manchmal den Eindruck, man betrachtet das Christliche als etwas fix Gegebenes, als einen festen Besitz, den man vorweisen kann. Mitunter gehen wir damit um, wie mit Schaustücken einer vergangenen Epoche.

Man spricht vom christlichen Abendland. Was heißt das? Wohl, daß von diesem Land die Sonne der Gerechtigkeit und Liebe über die andern Länder aufgehen müßte!?

Zugegeben, wir haben unser Christsein gleichsam ererbt, als Mitgift haben wir es bekommen. Jetzt gilt es damit umzugehen, es „auszuleben", damit es lebendig und wirksam bleibe!

Die größte und wertvollste Mitgift ist bedeutungslos, wenn man mit ihr nichts anfangen kann.

Wer ein Auto besitzt und es in einer Garage eingeschlossen hält, weil er keinen Führerschein hat und auch keinen erwerben will, wird wohl kaum Freude am Wagen finden, ebensowenig dessen Nützlichkeit erfahren.

Wer einen wertvollen Bösendorfer Flügel sein eigen nennt, des Klavierspielens jedoch unkundig ist und es auch nicht zu erlernen gedenkt, hat von dem kostbaren Flügel nichts. Er kann ihm keine Klänge entlocken.

Selbst wenn einer eine Goldmine besäße, sie aber nicht ausbeuten ließe, sie brächte ihm nichts!

So bleibt Christsein für uns ohne Bedeutung, es sei denn, wir heben es ins Licht unseres Bewußtseins, eignen es uns an und beginnen es zu leben. Erst in dem Maß, als wir uns damit befassen, wird uns die ihm innewohnende Tiefendimension aufgehen und die Freude und Hoffnung, zu der es befreien will, kann auch uns ergreifen.

Menschwerdung geschieht alle Tage

Wenn es wirklich einen Gott gäbe, der für mich Mensch wird, ich müßte ihn lieben, schreibt Sartre.
Er kennt die Botschaft von Weihnachten und lebt doch an ihr vorbei; er weiß um das Geheimnis der Inkarnation und ist nicht imstande, ihm gläubig zuzustimmen, es anzunehmen.
Was mag der Grund dafür sein?
Es ist für Sartre zu schön, um wahr zu sein!
Es gibt nur zwei Weisen des Stehens an der Krippe: Anbetendes Staunen – oder ungläubiges Kopfschütteln.
Das Geheimnis der Liebe Gottes im Kind in der Krippe übersteigt unser Fassungsvermögen bei weitem.

Gott handelt anders

Wir beurteilen Gott und sein Handeln an der Welt stets nach unseren Maßstäben, nach der Art unseres Handelns. Sie ist jedoch absolut nicht geeignet, als Modell für das Handeln Gottes angesehen zu werden. Dennoch aber fallen wir immer wieder in diesen Denkfehler, der uns zum Verhängnis wird, weil wir Gott damit festlegen, in unseren Rahmen pressen. Das führt zwangsläufig zur Reduktion, Entstellung und Verzerrung.
Gott aber ist anders, ganz anders! Dies wird insbesondere am Weihnachtsgeheimnis deutlich.
Wenn wir doch stehen ließen, was in der Botschaft an die

Hirten auch uns zugesagt wird: „Fürchtet euch nicht, seht ich verkünde euch eine große Freude, heute ist euch in der Stadt Davids der Heiland geboren worden, Christus der Herr. Ihr werdet ein Kindlein finden, in Windeln gewickelt und in einer Krippe liegend."

Vergleichen wir einmal angesichts des Weihnachtsereignisses die menschlich übliche Handlungsweise mit der göttlichen:

Wir – gehen bestenfalls auf Besuch, machen eine Visite. Das ist unverbindlich und geht im allgemeinen auch schnell. Dabei demonstrieren wir unser Mitleid und „seilen uns wieder ab". Wir tun unserer Pflicht genüge.

Nein, wir machen unsere Besuche nicht ohne Geschenke – da lassen wir uns schließlich nichts nachreden, wir bringen etwas mit, lassen auch einen Geldschein dort, wenn uns die Not ans Herz greift.

Das sind wir – und recht viel anders können wir uns oft gar nicht verhalten!

Gott – handelt anders! In Jesus Christus tritt Gott selbst in diese Welt ein. Er kommt aber nicht auf Besuch! Es ist nicht ein unverbindlicher Trip, den er in diese Welt herein unternimmt. Sein Einbruch in diese Welt ist verbindlich. Gott geht in Jesus eine Verbindung mit der Welt ein; eine Bindung, der er sich nicht mehr entbinden kann. Gott bleibt ab jetzt gebunden an das menschliche Geschick, an geborenwerden, leben, leiden, sterben. Wir haben einen Gott, der sich an die Gesetze des Werdens und Vergehens gebunden hat! Wir haben einen gebundenen Gott, das ist ein machtloser, ohnmächtiger.

Die Tat der Menschwerdung hat den allmächtigen Gott zum ohnmächtigen gemacht. So weit geht Gott um unsertwillen. Dazu findet sich kaum eine Analogie aus dem Bereich unseres Verhaltens.

Die Botschaft davon ergeht alljährlich an uns, alljährlich, damit die Freude darüber sich verdichte und unser Staunen sich vertiefe.

Mit den Hirten bereit zum Aufbruch

Aber schauen wir einmal nach, wie die Botschaft damals, als sie erstmals an die Menschen erging, beantwortet wurde. Inwieweit entspricht unsere Weise zu antworten jener der Hirten?
Ihr Antworten ist entschieden und eindeutig: Sie brechen auf, mitten in der Nacht, verlassen ihre Behausung und suchen das Kind.
Sie brechen auf mitten in der Nacht – das kostet Überwindung!
Wir brechen nicht gern auf in der Nacht. Die Lichter, die wir uns angezündet haben, gaukeln uns eine Helligkeit und Wärme vor, die letztlich in der Kälte vergluhen muß. Vorderhand aber scheinen sie uns zu genügen. Wir brauchen nicht mehr. So bleibt das wahre Licht vor unseren durch Irrlichter geblendeten Augen verborgen.
Es gilt in der Tat für uns: „Das Licht kam in die Finsternis und die Finsternis hat es nicht ergriffen."
Aber schauen wir weiter das Verhalten der ersten Adressaten der frohen Botschaft an:
Sie verlassen ihre Behausung – das ist unbequem!
Aber gerade dieser Aufbruch aus der Behausung in der Nacht ist die Bedingung, um an der Krippe Licht, Geborgenheit und Erfüllung zu finden!
Wir verlassen unsere Behausung ungern, sie scheint uns zu bergen, wir lullen uns ein in die Sicherheit, die keine ist, und gelangen nicht zur letzten Geborgenheit, weil wir es zu billig geben.

Sie suchen das Kind – das ist beschwerlich!

Wir suchen nicht gerne, lieber begnügen wir uns mit dem, was uns in den Schoß fällt. Suchen kostet Zeit und Kraft, beides hat der Mensch von heute nicht. Also sucht er auch nicht! Wer jedoch nicht sucht, der findet auch nicht! Der geht leer aus! Die Leere halten wir aber nicht aus und daher füllen wir uns mit vermeintlicher Sättigung und unsere Taschen mit Tand. Wir gehören zu den Satten, Besitzenden, die sich über ihren Hunger hinwegtäuschen, die ihre Armut kaschieren. Wir haben den Bauch und die Taschen voll. Wer jedoch voll ist, kann nichts aufnehmen, nichts empfangen. Dadurch werden uns unsere Irrlichter, unsere vermeintliche Geborgenheit und unsere Scheinfülle zum Verhängnis.
Zweierlei wird bei einer solchen Betrachtung der Weihnachtsbotschaft für uns deutlich: fürs erste, daß unser Verhalten der Handlungsweise Gottes nicht vergleichbar ist; lassen wir es daher sein, ihn festzulegen, zu berechnen und auszuzählen nach menschlicher Art. Fürs zweite, daß unser Verhalten auch dem der ersten Adressaten kaum ähnlich ist. Daß dem so ist, kommt wohl zu einem guten Teil auch daher, daß wir die Botschaft hören – und weil wir sie schon so oft gehört haben, überhören!
Weiters kommt dazu, daß wir vor lauter textkritischer Überlegungen oft die bleibende Gültigkeit der Aussage übersehen. Wir lassen unbeachtet, daß in einzelnen Gestalten ein Typus dargestellt ist, den zu realisieren wir gerufen sind. Weil wir jedoch an der zeitlos gültigen Aussage vorbeilesen, trifft uns das Wort Gottes nicht.
So bleiben wir in der Finsternis, obschon wir Kenntnis vom Licht haben.
So bleiben wir in unserem Elend, obwohl uns Erlösung geschenkt ist.

So bleiben wir in unseren Sünden, obgleich uns Vergebung angeboten ist.

Stimmt die Zeitrechnung?

Demnach bleibt alles beim alten! Die Zeitenwende ist geschehen, aber sie ist an uns vorbeigegangen. Wir teilen zwar die Zeitrechnung ein in vor und nach Christi Geburt, leben jedoch, als stünde die erlösende Tat Gottes noch aus.
Die Zeitenwende ist geschehen; Gott hat seinerseits die Wendung herbeigeführt, wir jedoch haben unsererseits die Wendung nicht mitvollzogen. Damit es sich jedoch für uns zum Bessern wende, müssen wir uns von Gott wenden lassen, d. h. ändern, wandeln lassen. Erst, wenn wir zur Lebenswendung – vom Ich zum Du, vom eigenen Willen zum Willen Gottes – bereit sind, dann stimmt die Zeitrechnung für uns persönlich, dann leben wir nach Christi Geburt.
Leben nach Christi Geburt heißt für uns immer wieder: Aufbrechen, mitten in der Nacht – das kostet Überwindung!
Verlassen der Behausung – das ist unbequem!
Suchen nach dem Kind – das ist beschwerlich!
Dann erst, wenn wir uns dazu immer wieder bereitfinden, kann die zeitenwendende Heilstat Gottes ihre Heilkraft auch in unserem Leben entfalten.

Und immer wieder dasselbe

Immer wieder? Genügt nicht die einmalige Wendung?
Nein, sie muß täglich aufs neue vollzogen werden.

Genau das aber ist zermürbend. Da steigen wir aus. Dabei ist es gar nichts so Ungewöhnliches!
Unser ganzes Leben verfolgt uns die Wiederholung. Sie hat nicht nur in der Schule, im Zusammenhang mit intellektuellen Lernprozessen ihren festen Platz; wir sind an sie gebunden und können ihr nicht entkommen.
Sie beginnt schon bei den alltäglichen Dingen. Denken wir etwa an den Bereich der Körperpflege: waschen, sich baden, Zähneputzen, maniküren, frisieren – immer wieder dasselbe und immer wieder vonnöten!
Oder denken wir an die Arbeit der Hausfrau: einkaufen, kochen, abwaschen, aufräumen, staubsaugen, abstauben . . .
Dieses tägliche Einerlei wird von vielen als aufreibend und zermürbend empfunden. Manchmal möchte man auf und davon rennen, ausbrechen, um dem ganzen zu entkommen.
Das geht nicht. Unsere Lebensaufgabe verbirgt sich hinter den ermüdenden Wiederholungen, die zwar von Beruf zu Beruf verschieden, jedoch immer mehr oder weniger belastend und häufig sind. Jeder von uns ist in einen gewissen Kreislauf des Lebens eingefügt, der aus Wiederholungen besteht, die er annehmen und mitvollziehen muß.
Wir wirken unser Leben in Kreisen, wobei einer aus dem andern hervorgeht und sich gleichsam zur Spirale fügt, die dort, wo sie einmündet ins ewige Jetzt Gottes eine neue, ungeahnte Wendung erfährt, der ermüdende Wiederholung fremd ist. Im Leben, das der Herr uns endgültig schenkt, steckt die Fülle, die Erfüllung. Und genau die vermissen wir schmerzlich in den sich ständig wiederholenden Alltäglichkeiten. Oft erscheinen sie uns aushöhlend und sinnlos.
Anscheinend aber sind wir so geartet, daß wir der Wiederholung bedürfen, um uns zu entfalten. Wichtiges üben wir dabei ein, vieles geht uns dadurch leichter von der Hand, manches wird uns nach und nach zur Selbstverständlichkeit,

wobei wir ohne viel Aufwand an Kraft oder Überlegung aus der wiederholten Übung heraus das Rechte tun. Das hat auch im Alltag durchaus seinen Wert.

Was hier von der Wiederholung im Alltag gesagt ist, gilt ebenso für unseren inneren Bereich.

Immer wieder müssen wir anfangen mit dem Christsein. Die Wiederholung begegnet uns im Gebet, im Vergeben und um Vergebung bitten, in der Mitfeier der Eucharistie, in der Lesung der Hl. Schrift ... Anscheinend brauchen wir auch hier die Wiederholung genauso wie im Alltag. Sie gehört wohl zur Schule, die wir zu durchlaufen haben, auf dem Weg zur personalen Reifung. Dem entspricht es durchaus, daß wir stets neu aufbrechen müssen aus unserer Nacht; daß wir immer wieder unsere Behausung verlassen, von neuem auf die Suche gehen müssen.

Unser ganzes Leben ist Einzug und Auszug, Introitus und Exodus, wobei jeder Auszug einen neuen Einzug zur Folge hat. In der Phase des Umzugs erleben wir uns jedesmal heimatlos, ausgesetzt und ungesichert, dürfen aber vorweg wissen, daß wir wiederum Heimat, Geborgenheit und Sicherheit finden werden; solange, bis wir den letzten und schmerzlichsten Umzug und Auszug bewältigt haben, der uns aus den dauernden Wiederholungen in das Bleibende, aus der Vorläufigkeit des Advents in die Endgültigkeit der Weihnacht, aus der gelegentlichen Erfüllung in das Leben der Fülle hineinführt. Dann, wenn wir in das ewige Jetzt eintreten, ist die Zeit der „ewigen" Wiederholungen zu Ende. Bis dahin aber ist die Bereitschaft zur Wiederholung in Geduld und Ausdauer von uns gefordert. Und eben darin ereignet sich unsere Menschwerdung und zugleich die Menschwerdung Gottes in uns.

Die Auferstehung hat schon begonnen

Für uns ist der Tod *die* Katastrophe schlechthin. Er ist jenes Ereignis, das wir am meisten fürchten, weil es allem ein Ende setzt, alles zerstört, alles vernichtet.

Bei Sachbeschädigungen verschiedenster Art und Ursache pflegen wir zu sagen: „Hauptsache, es ist niemand gestorben." So versuchen wir uns über Verluste hinwegzutrösten, indem wir uns vor Augen halten, daß die Menschen, die uns lieb und teuer sind, leben und daß alles andere eigentlich ersetzbar ist.

Der Tod wirft auch für den gläubigen Menschen eine Vielzahl von Fragen auf, deren Beantwortung wir im konkreten Fall nicht selten offen lassen müssen. Da begegnet uns der Tod grausam im Krebs, überfallsartig im Herzinfarkt, plötzlich im Verkehrsunfall. Ein motorisierter Rowdy genügt und ein Unschuldiger oder gar eine ganze Familie werden durch die Verantwortungslosigkeit eines einzelnen einfach ausgelöscht.

Was soll man denken, soll man sagen, angesichts solcher und ähnlicher Tragiken?

Der Tod ist nur die eine Seite

Sicher ist, daß der Tod von uns Menschen aus betrachtet ganz anders aussieht, als von Gott her. Manchmal möchte man geradezu meinen, Gott könne sich den Tod seiner Geschöpfe „leisten", weil er auch imstande ist, dem Tod zum

Trotz, das Ziel, auf das hin er den Menschen geschaffen hat – Leben in Fülle – zu erreichen. Er hat die Macht, das Blatt zu wenden: von Tod in Leben, von Trauer in Freude, von Abbruch in Aufbruch, von Absterben in Auferstehen ...
Offenbar spielt dabei vor Gott die Zeit keine Rolle, ganz im Gegensatz zu uns!
Die Garantie dafür, daß Gott die Tragik des menschlichen Todes aufheben kann und der Abgang des Menschen zum neuen Aufgang wird, ist der auferstandene Herr selbst.
Gott berichtigt im Auferstandenen sozusagen unsere Erfahrungen, die wir als vielfache „Zeugen des Todes" haben und relativiert unsere Vorstellungen. Er gibt uns einen „Anschauungsunterricht", der uns zeigen soll, daß durch unsere übliche Anschauung nicht die gesamte Wirklichkeit in den Blick kommt, sondern nur ein Teil derselben und daß wir diesen Teil eben nicht für das Ganze halten sollen. Genau das meint R. Guardini, wenn er sagt: Der Tod ist die uns zugewandte Seite jenes Ganzen, dessen andere Seite die Auferstehung heißt.
Wir aber zögern mit unserer Zustimmung, weil wir eben unsere Erfahrung für das Ganze halten. So sind wir dem Augenschein ausgeliefert und für Belehrung unzugänglich. Selbst die Erfahrung, die die Zeugen des Auferstandenen – glaubhaft durch ihr Leben und Sterben – an uns weitergeben, zählt für viele nicht. Wir verlassen uns lieber auf unsere fünf Sinne und gleichen dem Frosch aus der Fabel. Aber selbst der mußte zumindest den Sprung auf den Rükken des Vogels wagen, um zu einer neuen Sicht zu kommen.
Der Auferstandene will uns den Tod aus dem Blickwinkel Gottes zeigen. Dieser ganz andere Blickwinkel eröffnet eine ganz andere Sicht des Todes.
Daß vom Blickwinkel die Sicht beeinträchtigt oder erweitert werden kann, ist uns nicht fremd! Man kann alle Dinge

und Ereignisse des Lebens von verschiedenen Standorten und daher von verschiedenen Blickwinkeln aus betrachten und sie werden sich dementsprechend verschieden zeigen. Wir kennen das vom Fotografieren her.
Oder nehmen Sie einmal an: einer kennt den Eingang zu einer Eishöhle vom Vorbeiwandern, ein anderer aber hat dieselbe Höhle durchwandert und durchforscht. Wie dumm von jenem, wenn er dem wirklich Kundigen gegenüber Behauptungen aufstellt, die von seinem Blickwinkel aus stimmen mögen, im Grunde aber unhaltbar sind, weil sie nur aus der Sicht des Außenstehenden stammen. Der „Eingeweihte", der Experte hat eine völlig andere Sicht der Höhle, er hat Kenntnis von ihren geheimen Schluchten und Abgründen, aber auch von ihrer faszinierenden Schönheit und von verborgenen Ausgängen. Nicht umsonst wenden wir uns – wollen wir über eine Sache wirklich unterrichtet werden – an den Kundigen, den Experten. Ihm schenken wir Glauben, denn er muß es ja wissen.
So spielt auch im täglichen Leben das Glauben eine weit größere Rolle als wir meinen.

Den „Experten" fragen

In Jesus Christus ist der Wissende, der Kundige, der „Experte" zu uns gekommen. Wer ihm Glauben schenkt, wer die Sicht des Lebens und Sterbens, die er uns bringt, annimmt, kommt zu einer neuen Sicht, zur Zuversicht. Indem der Glaubende Jesus an- und ernstnimmt, hat er Teil an seinem Wissen und „weiß" auf einmal mehr. Gleichzeitig sieht er alles – auch den Tod – aus einem neuen Blickwinkel. Mit den „Augen Jesu", den Augen des Glaubens betrachtet, schauen Leben und Sterben anders aus. Mit dem neuen

Wissen begabt und dem neuen Blickwinkel beschenkt, wandelt sich alles; von berechtigter Verzweiflung in begründete Hoffnung; von quälender Angst in befreiendes Vertrauen; von bohrender Sinnlosigkeit in unerwartete Sinnhaftigkeit.
Im Auferstandenen will Gott uns sagen, dort, wo ihr den Stein der Endgültigkeit auf die Gräber eurer Hoffnung wälzt, sprenge ich das Grab auf, damit der vermeintliche Tod in Leben, die begrabene Hoffnung in Erfüllung übergehe.
Wer sich im Glauben an Jesus Christus hält, ist nicht mehr auf dem „Gang“, er kennt bereits den Ausgang. Den guten Ausgang!
Für ihn wird der Abgang zum Heimgang, wobei das Dunkle, Schmerzliche Übergang ist; das, was aussieht wie Untergang, gehört schon zum neuen Aufgang.
Während der Mensch, der sich auf seine eigene Sicht verläßt, verlassen ist und im Tod den Abbruch sehen muß, zeigt Jesus uns den Tod als Durchbruch in einen neuen Aufbruch.
Es bleibt uns überlassen, ob wir den Glauben annehmen wollen oder nicht. Gott macht uns das Angebot der neuen Sicht in Jesus. Er ist gleichsam das „Sonderangebot“ Gottes an uns – aber wir sind ja „Normalverbraucher“ und meinen, unseren Bedarf durch „Eigenbau“ decken zu können!

Grenzen des sprachlichen Ausdrucks

Aber fragen wir jetzt, was bedeutet für den Menschen unserer Tage die Aussage: Jesus ist auferstanden? Bei Überlegungen darüber müssen wir uns im klaren sein, daß das Wort Auferstehung nur ein Hilfsbegriff ist, der meint: Jesus lebt, er bleibt nicht im Tod! Wir rühren damit an ein

Kernproblem der Verkündigung überhaupt, an das Problem der Sprache als Medium, um die Heilstaten Gottes bekannt zu machen. Insbesondere dort, wo es um das Phänomen der Auferstehung geht, spitzt sich das Sprachproblem zu.
Bleiben wir uns daher bewußt, daß die biblischen Osterberichte als Versuch anzusehen sind, das schlechthin Unfaßbare, Unerwartete, Überwältigende in menschlichen Worten auszudrücken. Ein Unterfangen, das im Grunde nie ganz gelingen kann, weil sich eben das Unfaßbare nicht in sprachliche Formulierung hinein fassen läßt!
Wir alle haben Ähnliches schon erlebt. Da hat uns etwas zutiefst betroffen, wir fühlen uns zur Mitteilung gedrängt. Während wir uns anschicken, unsere Erfahrung in Worte zu kleiden, müssen wir bekümmert feststellen, daß es uns an den rechten, den entsprechenden Worten mangelt. Das, was uns wirklich bewegt, läßt sich nicht aussagen; das, was uns in der Mitte unseres Wesens ergreift, entzieht sich dem Zugriff der menschlichen Sprache. Besonders schmerzlich wird uns dieser Sachverhalt bewußt, wenn wir einen Brief schreiben. Wie oft empfinden wir beim Lesen desselben unsere Worte schal und leer; wir spüren, wie sehr sie hinter dem wirklich Gemeinten zurückbleiben, ja, daß sie dieses nur anzudeuten imstande sind. Froh sind wir, wenn in solch einem Fall der Partner „zwischen den Zeilen" zu lesen versteht, wenn er durch die Worte hindurch das Eigentliche ahnt.
Ebenso, wie das Auge vieles nicht wahrnehmen kann, vermögen menschliche Worte vieles nicht auszudrücken. Gerade das, was uns besonders bedrückt, sich uns besonders „eindrückt", uns beeindruckt, vermögen wir nicht auszudrücken!
Man könnte S. Exupery abwandeln und sagen: Man spricht nur mit dem Herzen recht, das Wesentliche läßt sich nicht

in Worte fassen. Das will heißen: die wesentlichen Erfahrungen und Sachverhalte lassen sich nicht adäquat in sprachliche Formulierungen einfangen. Der Gesprächspartner müßte denn imstande sein, das vom „Kleid des Wortes“ Verhüllte zu enthüllen, das in der Worthülse Verborgene zu entbergen.

So bleibt unser Wort stets hinter dem Gemeinten zurück. Es hinterläßt nur einen Abglanz des Eigentlichen, eine Ahnung dessen, was auszusagen es gedacht ist.

Demgemäß sind die biblischen Osterberichte die verdünnte Aussage einer dichten Erfahrung. Dabei ist diese „Verdünnung“ nicht zu vermeiden, zumal die Apostel in der Weitergabe ihrer Ostererfahrung an das Medium der menschlichen Sprache gebunden sind.

Die Vergegenwärtigung dieses Sachverhaltes hilft uns, dem Kern der Botschaft besser auf die Spur zu kommen.

Die Osterereignisse sind das Herzstück unseres Glaubens. Ohne Ostern ist unser Glaube hinfällig. Der Auferstandene ist die lebendige Antwort auf die Frage des Menschen nach seiner Zukunft. Daß diese Zukunft anders ist als die Gegenwart, nicht faßbar mit unseren jetzigen Denkkategorien, ist weiter nicht verwunderlich. Auch ein Kind ist nicht in der Lage sich vorzustellen, wie sein Leben aussehen wird, wenn es erst einmal groß ist. Der Versuch, Zukünftiges durchzudenken mit dem Gedankeninstrumentarium der Gegenwart, muß zwangsläufig fehlschlagen. Ein solches Unterfangen führt zu nichts als zu primitiven Mutmaßungen und unangemessenen Phantastereien. Wir sollen es daher bleiben lassen.

Berechtigt ist allerdings die Frage, was wohl den Zeugen des Auferstandenen in der Begegnung mit ihm aufgegangen sein mag. Eines steht fest, ihre Ostererfahrung stellte alles bisher Erfahrene in den Schatten, wertete alles um und tauchte alles in ein neues Licht. Sie mußte für die Zeugen so überwältigend gewesen sein, daß sie gar nicht anders konnten, als davon Zeugnis zu geben. Es drängte sie dazu, sie konnten das Erlebte nicht für sich behalten; wovon das Herz voll ist, geht der Mund über! Oder – um es in Anlehnung an die Apostelgeschichte zu formulieren – sie konnten nicht schweigen über das, was sie gesehen und gehört hatten.

In der Botschaft der Zeugen des Auferstandenen soll für uns dreierlei ausgesagt werden: Jesus lebt, er hat den Tod überwunden!

Jesus ist nach seiner Auferstehung derselbe wie vorher und doch ganz anders.

Jesus wird nach der Auferstehung erkannt als der *Herr*, der Kyrios, dem Königsherrschaft zukommt, Lebensmächtigkeit über alle Todesmächtigkeit hinaus. Er wird erkannt als der nahe Herr.

Die erste, umwerfende Enthüllung für die Apostel war: Jesus lebt!

Sein Tod war für sie der Tod all ihrer Hoffnungen gewesen. Mit Jesus waren auch sie gescheitert. Seine „Pleite" war die ihre. Da es mit ihm aus war, war es auch für sie aus! So endeten mit Jesu Tod radikal alle Hoffnungen, Erwartungen und Bindungen. Und da sie alles auf ihn gesetzt hatten, war alles für sie verloren.

Uns gleich, waren sie bislang „Zeugen des Todes" gewesen und wußten daher wie wir um dessen Endgültigkeit und Unaufhebbarkeit. Eine Hoffnung über den Tod hinaus war ihnen aus der Schriftdeutung der Pharisäer wohl bekannt, mußte ihnen jedoch in ihrer konkreten Situation absurd und unerfüllbar erscheinen.

Wer meint, die Apostel wären fähig gewesen, eine Auferstehung zu ersinnen, oder Auferstehungsgeschichten zu

konstruieren, der irrt gewaltig! Allein von der psychologischen Situation her scheidet das völlig aus!
Ihre anfängliche Reaktion auf die Begegnung mit dem Auferstandenen war nicht freudige Überraschung oder selbstverständliches Glauben, sondern Bestürzung und Zweifel. Ihr gesunder Hausverstand wehrte sich gegen das Unerwartete. Was ihnen da widerfuhr, stimmte absolut nicht mit bisherigen Erfahrungen überein. Das „Widerfahrnis" der Auferstehung in der Begegnung mit dem Auferstandenen überstieg ihren Verstehenshorizont und sprengte ihre Vorstellungen.
Dennoch konnten sie sich dem, was sie erlebten, auf die Dauer nicht verschließen – selbst verschlossene Türen und Herzen können den auferstandenen Herrn nicht ausschließen!
Und so begreifen sie nach und nach, was sich im Grunde gar nicht begreifen läßt, daß Jesus wirklich lebt! Und sie versuchen mit den ihnen zu Gebote stehenden sprachlichen Mitteln auch uns an dieser umwerfenden Erkenntnis teilhaben zu lassen.
Gleichzeitig wollen sie uns sagen, daß sie den Auferstandenen erfahren als denselben und doch ganz anders. Sie werden seiner inne in der ihm nun eigenen neuen Seinsweise und -mächtigkeit.
Auferstehung ist Fort-Schritt in ein neues Sein, nicht Rück-Schritt in das alte Leben. Auferstehung ist in die Zukunft gerichtet, die für uns verborgen liegt hinter dem Tor des Todes. Sie zu erforschen ist uns unmöglich. Daher kommt der Auferstandene, der Vorausgegangene zu den Zurückgebliebenen, um ihnen durch die Kunde von der Zukunft die Gegenwart zu erhellen. Ja, er selbst ist Repräsentant und Garant für die Wirklichkeit dieser Zukunft. Wie sie sich jedoch konkret gestalten mag, dürfen wir ruhig Gott anheim-

gegeben lassen. Mag er uns überraschen damit! Ein Gott, der die Menschheit mit seiner Liebe so überrascht hat, daß er sich in seinem Sohn mit ihr solidarisiert bis hinein in das Sterben, ist auch mächtig genug – kraft dieser Liebe – unseren Tod in Auferstehung zu wandeln, unsere Gegenwart in Zukunft überzuführen. Uns mag es genügen zu wissen, daß Jesus gekommen ist, damit wir das Leben haben und es in Fülle haben! (vgl. Joh 10, 10).

Es hat wohl geraume Zeit gedauert, bis die Apostel begriffen, Jesus lebt; er ist derselbe und doch ganz anders. Die neue Seinsweise, die dem Auferstandenen eigen ist, läßt ihn seinen Freunden auf eine neue Weise nahe sein.

Letzteres ist auch uns nicht ganz fremd.

Im Geist ist es uns möglich, jetzt schon – über Raum und Zeit hinweg – einander in Liebe beizustehen und nahe zu sein. Wer hätte noch nie einen geliebten Menschen gebeten, zu einem bestimmten Zeitpunkt an ihn zu denken? Das, was wir jetzt im Geiste vermögen, wird durch unser Eingehen in Tod und Auferstehung in aller Totalität möglich.

Es dürfte den Aposteln gar nicht leichtgefallen sein zu glauben, daß ihnen „ihr Jesus" durch den Eintritt in die neue, endgültige Seinsweise auch auf eine neue und bleibende Weise nahe ist. Nicht ein Besuch ist es, den er den Seinen abstattet, nicht ein Kommen und Gehen, ein Abschiednehmen und Wiedersehen! Durch die Auferstehung ist Jesus zum nahen Herrn geworden, der auf eine unser Fassungsvermögen übersteigende Weise – eben geheimnisvoll – nahe bleibt. Christi Himmelfahrt markiert den Abschluß dieses „Anschauungsunterrichtes"; die Zeit der sichtbaren, greifbaren Anwesenheit des Herrn ging zu Ende, nicht aber endet seine Nähe.

Dieses Bewußtsein, daß der Herr uns nahe ist und bleibt, hat – wie damals zur Zeit der ersten Zeugen – Frieden und Freude im Gefolge. Die Nähe des Auferstandenen schenkt und garantiert das, was mit dem Begriff „Shalom", dem Gruß des Herrn nach der Auferstehung, gemeint ist. Es ist weit mehr als wir für gewöhnlich in das Wort Frieden hineinlegen. Shalom meint, ganz aufgehoben, ganz geborgen und umhüllt sein, zur Ruhe kommen dürfen in einer letzten und fundamentalen Sicherheit, fern jeder Bedrohung und Gefährdung.
Dieses Geschenk galt nicht allein den Aposteln damals! Jeder, der sich für die Begegnung mit dem Auferstandenen bereitmacht, wird früher oder später Anteil daran erhalten.
Je mehr wir in herzlicher Gemeinschaft mit dem Herrn leben, desto größer wird unser Anteil, desto intensiver werden wir von jenem Shalom durchdrungen und erfüllt sein. Nicht, daß es schon ein unangefochtenes Ausruhen wäre, das kann es nicht sein, weil wir noch nicht angekommen sind! Wir sind noch unterwegs. Aber der Auferstandene will auch unser Weggefährte sein, so wie er es den Wanderern nach Emmaus war – und ist gleichermaßen bereit, uns an seinem Shalom teilhaben zu lassen.
Wann immer wir uns zur Tischgemeinschaft im Brotbrechen zusammenfinden, will er uns in besonderer Weise damit beschenken. So dürfen wir in der Begegnung mit ihm auftanken, was uns im Getriebe des Alltags abhanden kommt.
Dieses Auftanken ereignet sich vor allem im Gebet, im Meditieren der frohen Botschaft, in der Feier der Eucharistie. Jeder wird die ihm innerhalb seiner Glaubensgemeinschaft angebotenen Möglichkeiten zu nützen trachten, um aus der

Gemeinschaft mit dem Auferstandenen mehr und mehr zu einem österlichen Menschen – das ist ein zur Hoffnung befreiter – zu werden.

Ohne Zweifel gibt es dahin viele Wege. Der Weg über die Sakramente ist demnach nicht der einzige, wohl aber für den, der ihn zu gehen geladen und berufen ist, der Weg der größten Begnadigung, der Weg der innigsten Gemeinschaft mit dem Auferstandenen.

So wird uns die Osterbotschaft in zeitloser Gültigkeit zugesprochen: „Fürchtet euch nicht! Ich weiß, ihr sucht Jesus, den Gekreuzigten. Er ist nicht hier. Er ist auferstanden, wie er gesagt hat."

Für uns, die wir uns erfahren als Zum-Sterben-Geborene, die wir dafürhalten, daß unser Sein ein „Sein zum Tode" ist, bedeutet diese Botschaft eine wesentliche Korrektur unserer Auffassung von Leben und Sterben. Im Auferstandenen läßt Gott uns sagen: am Schluß steht nicht das Ende, sondern die Vollendung. Dort, wo wir in die Engstelle des Todes hineinsinken, öffnet Gott uns eine ungeahnte neue Weite; dort, wo unsere Gegenwart ins Nichts zu sinken droht, fallen wir in das zeitlose Jetzt Gottes, um in ihm die Zukunft zu finden.

Seit Jesus Christus auferstanden ist, sind Tod und Auferstehung nicht mehr voneinander zu trennen. Als Christen können wir nicht das eine bedenken ohne das andere mitzubedenken. Denn: „In Christus sind wir vom Tod zum Leben übergegangen".

Weil Jesus auferstanden ist, dürfen wir daran glauben, daß alles, was jetzt noch für uns im Dunkel liegt, ins Licht, „ins rechte Licht gerückt" wird; daß alles Unklare sich „verklaren", sich verklären wird.

Nicht die Finsternis mit ihrer Weglosigkeit steht am Schluß, sondern eine neue, ungeahnte Helligkeit, in der die ver-

meintliche Sackgasse sich als Ausweg, der scheinbare Irrweg sich als Heimweg erweisen.
Nicht der Haß und die Bosheit siegen letztlich, sondern die Ohnmacht der Liebe kommt zum Triumph.
Nicht zerbrochen wird der nach Leben hungernde Mensch, sondern neu aufgerichtet, zum Leben in Fülle befähigt, in der Kraft des Auferstandenen.

Bedrängt und doch erlöst

Wer das begriffen hat – oder besser – wer davon ergriffen ist, hat die Starre des Todes schon überwunden, ist schon vom Tod zum Leben übergegangen, ist schon erlöst.
Das ist jener, der sich an den auferstandenen Herrn hält, der von sich sagt: „Ich bin die Auferstehung und das Leben. Wer an mich glaubt, wird leben, wenn er auch gestorben ist, und jeder, der im Glauben an mich lebt, wird nicht sterben in Ewigkeit" (Joh 11, 25).
Für den Glaubenden heißt das, daß er die vielfältigen Bedrängnisse dieser Zeit nicht los hat, aber dennoch erlöst ist; daß er nicht von jeder Last frei, aber dennoch befreit ist.
Vielleicht vermag der folgende Text das Gemeinte zu verdeutlichen. Die Menschheit und der einzelne sind gesehen in der „Sandgrube der Gottferne", in die hinein Jesus steigt, um den Verlorenen Erlösung zu bringen.
Er kommt als Weg in die Ausweglosigkeit, als Licht in die Finsternis, als Mitgefangener zu den Gefangenen. Modellhaft findet er den Ausstieg und nimmt alle, die sich an ihn halten, mit sich in die neue Seinsweise außerhalb der Grube.

Da kam einer,
er kam in der Grube zur Welt,

er war wie sie
und doch ganz anders;
er mußte von oben, von draußen gekommen sein,
denn er kam als Wissender.
Er hatte eine gute Nachricht
von oben, von draußen.

Er hatte die Botschaft von einer lichten Zukunft,
von Freiheit und Weite,
die schon in der Grube begann
für alle, die ihm Glauben schenkten.

Er lebte ihr Leben –
doch nicht als Bedrückter;
er trug ihre Lasten –
doch nicht als Gebeugter;
er starb ihren Tod –
doch nicht wie ein Absterbender.

Sie selbst hatten ihn umgebracht.
Sie hatten das Licht nicht vertragen,
das er ausstrahlte;
sie hatten die Liebe nicht ertragen,
die er verströmte.
Er paßte nicht zu ihnen in die Grube.
Aber er war in ihrer Grube gestorben
und sie selbst hatten ihn umgebracht.
Damit war es wohl auch mit ihm aus,
vorbei.

Aber es kam anders.
Der Tod hatte ihn nicht in die Erde zwingen können.
Er war stärker als der Tod.

Als er sich nach dem Tod wieder zeigte,
schenkten sie ihm Glauben,

zögernd zwar –
doch für alle, die an ihn glauben,
fällt neues Licht
in die Nacht der Grube.
Auch das Sterben hat seine Bedrohung verloren.
Es ist Aufbruch aus der Grube,
seit er es ihnen gezeigt hat.
einige,
Seither sind die,
die an ihn glauben,
trotz der Finsternis der Grube
schon im Licht;
die sich auf ihn verlassen,
nicht los von der Grube
und doch schon erlöst.

Und sie verbreiten die Kunde von der Erlösung,
die Kunde von der lichten Zukunft,
von Freiheit und Weite
durch ein Leben voll Hoffnung und Zuversicht.

Leben im Heiligen Geist

In Jesus hat Gott das *Wort* der Liebe zur Welt gesprochen. Es besitzt zeitlose Gültigkeit und soll durch *uns* weitergesagt werden.
In Jesus hat Gott der Welt sein *Angebot* gemacht. Es behält bleibende Aktualität und soll durch *uns* aufrechterhalten werden.
In Jesus hat Gott seine *Aktion* für diese Welt gesetzt. Sie beinhaltet eine ungeheure Dynamik und soll durch *uns* wirksam bleiben.
Wir alle, die wir seinen Namen tragen, sind gerufen, durch unsere *Antwort*, unsere *Nachfrage*, unsere *Reaktion* das Werk Jesu als seine Zeugen fortzusetzen. Nunmehr ist die Reihe an uns. Von uns wird zu einem nicht geringen Teil abhängen, welche Initiativen der Herr heute unter den Menschen setzen kann; ist doch sein Wirken aufs engste mit unserer Bereitschaft verknüpft. Dabei kommt es ganz wesentlich auf unsere Verbundenheit mit Jesus an:
„Wer in mir bleibt und in wem ich bleibe, der bringt reiche Frucht; denn getrennt von mir könnt ihr nichts tun . . . Wenn ihr in mir bleibt und wenn meine Worte in euch bleiben, dann bittet um alles, was ihr wollt: ihr werdet es erhalten“ (Joh 15, 5; 7).
Wem der Weg der Sakramente offensteht, dem ist in der Mitfeier der Eucharistie die wertvollste und geeignetste Möglichkeit geschenkt, in eine tiefe Verbundenheit mit dem Herrn hineinzuwachsen.
Gleichzeitig damit hat er Zugang zu einer Quelle, aus der

er Kraft und Ausdauer für das Leben als Christ schöpfen kann. So hat der Mitvollzug der Eucharistie wirksame und weitreichende Konsequenzen, sofern er in der rechten Weise geschieht.
Wir allerdings, die wir mit Krippe und Kreuz, mit Beichte und Kommunion aufwachsen durften, laufen Gefahr, mit diesen Angeboten zu leben, ohne sie entsprechend zu schätzen und zu nützen. Es sei denn, zu den „heiligen Zeiten".

Brot ist Leben

Wir gleichen den überfütterten Kindern, die mit Unlust am gedeckten Tisch sitzen und gelangweilt in den Speisen herumstochern. Übersatt wie sie sind, finden sie keinen Geschmack am Gebotenen, ja wollen nicht einmal kosten, kennen sie doch längst alle Leckerbissen. Von Geburt an wurden sie mit dem Erlesensten genährt. Hunger ist ihnen fremd und die lebenserhaltende Kraft des Brotes kennen sie nicht. Vielleicht müßten diese Wohlstandskinder erst einmal eine „Broterfahrung" machen, um den Wert des Brotes zu erahnen und sich glücklich zu schätzen, zu den wenigen Satten zu gehören.
Erinnern Sie sich zurück, Sie, die Sie den Zweiten Weltkrieg erlebt haben, wie das Brot für uns zunehmend kostbarer wurde.
Eine Begebenheit von damals steht mir noch heute lebendig vor Augen. Ich war etwa sieben Jahre alt, saß auf dem Fensterbrett und aß ein Butterbrot. Unten vor dem Haus arbeiteten Kriegsgefangene. Auf einmal fiel mir das Brot aus der Hand. Es fiel in eine der schmutzigen Lacken, denn es hatte zuvor stark geregnet. Sofort stürzten sich einige Männer gleichzeitig darauf. Nach einem erregten Hin und Her teil-

ten sie das schmutzige, unappetitlich gewordene Brot untereinander und verschlangen es gierig. Da habe ich weinen müssen.
Gleichzeitig begann mir ahnungsweise die Kostbarkeit des Brotes aufzugehen. Seine lebenserhaltende Funktion wurde mir ein paar Jahre später bewußt, als das Brot rationiert war und ich nachts von einem riesigen Brotlaib träumte, von dem man endlos runde, große Schnitten abschneiden durfte.
Die Zeitgenossen Jesu waren sich der Kostbarkeit des Brotes sehr wohl bewußt. Brot war für sie gleichzusetzen mit Leben. Sie dachten durchaus praktisch, wenn sie Jesus nach der Brotvermehrung am andern Morgen in Kafarnaum baten: „Herr, gib uns für immer dieses Brot!“ (Joh 6, 34). Jesus antwortete ihnen: „Ich bin das lebendige Brot, das vom Himmel herabgekommen ist. Wer von diesem Brot ißt, wird leben in Ewigkeit. Das Brot, das ich gebe, ist mein Fleisch für das Leben der Welt“ (Joh 6, 51).
Wir kennen die Reaktion der Zuhörer. Sie verstanden nicht, was er meinte und viele verließen ihn. Sie wollten Brot, das den Hunger des Magens stillt. Jesus aber kündigte ein Brot an, das die Erwartungen der Menschen übersteigen, ihre Hoffnungen übertreffen sollte. „Ein Brot, das bleibt für das ewige Leben“ (Joh 6, 27).
In der Tat ist die Verheißung, die der Herr in der eucharistischen Rede macht, unfaßbar und umwerfend. Er kündigt an, selber für die Menschen Speise und Trank zu werden. Von ihm sollen sie leben und stets aufs neue durch Essen und Trinken mit Leben beschenkt werden.

Leben und lieben aus der Eucharistie

Es ist Gott nicht genug, in Jesus einer von uns zu werden

und sich den Gesetzen menschlichen Lebens voll unterzuordnen; er tut ein weiteres, er bietet sich an, für uns in Brot und Wein Speise und Trank zu werden, um uns im Leben zu erhalten.

Das übersteigt unsere Fassungskraft. Dieses Angebot des Herrn ist anders als das Angebot, das wir unseren Mitmenschen machen: Wir geben ihnen etwas, Jesus gibt sich selbst.

„Nehmt hin und esset, das ist mein Leib, nehmt hin und trinket, das ist mein Blut" – heißt nichts anderes als: Nehmt, eßt und trinkt, das *bin ich* für euch!

Gewiß, dieses Mysterium ist unbegreiflich. Es liegt wohl in der Natur der Sache, daß die größte Liebe in Verborgenheit wirkt und den größten Glauben herausfordert. Nicht umsonst bekennen wir es als „Geheimnis des Glaubens". Der durch Tod und Auferstehung hindurch gegangene verklärte Herr wird zur lebensspendenden und lebenserhaltenden Nahrung.

Wir knien nicht an seiner Krippe, berühren nicht den Saum seines Gewandes, stehen nicht unter dem Kreuz – der verklärte Herr selber geht ein in uns, um sein Wesen in uns neu zur Entfaltung zu bringen. So leben wir im vollen Sinne von ihm. Christus ist die Speise, die uns nährt und den Prozeß unserer Umwandlung vorantreibt.

Die Mitfeier der Eucharistie, der Danksagung für und mit Christus, ist Auftrag und Kraft, sein Leben und Wirken fortzusetzen, an Jesus Christus zu erinnern.

Wie ist das doch, wenn uns ein Mensch an einen anderen, der uns lieb und teuer war, erinnert? Er ist jenem ähnlich, vielleicht in der Art zu sprechen, in der Weise sich zu geben. Ist die Ähnlichkeit stark, fühlen wir uns zu diesem Menschen hingezogen, denn seine Nähe läßt in uns etwas aufleben, auferstehen. In der Konfrontation mit dem „Ähn-

lichen“ steht der Eigentliche in unserem Innern auf, umso lebendiger, je mehr der andere uns an ihn erinnert.
Genau das ist uns aufgegeben. Nach und nach müßte der Christ Jesus Christus ähnlicher werden. Unsere Art von den Menschen zu denken, über sie zu sprechen, ihnen zu begegnen, müßte der Art und Weise Jesu nahe kommen, damit die Menschen, die mit uns in Berührung kommen, von ihm, der in uns Gestalt angenommen hat, berührt werden können. Dann werden die Zeichen Jesu von damals wieder eingeholt, dann bricht auch in der Begegnung mit uns Heil an. Dann erst sind wir als Christen in der Welt von heute glaubhaft.
Das Eingehen Christi in uns in den eucharistischen Gaben will uns dazu befähigen.

Es ist kein Zufall, daß Jesus das Liebesgebot, das er als Vermächtnis verstanden haben will, innerhalb der Abendmahlsfeier formuliert. Es besteht ein innerer Zusammenhang zwischen dem Liebesmahl und dem Liebesgebot. Der Mitvollzug des einen ermöglicht die Einhaltung des andern.
„Ein neues Gebot gebe ich euch: Liebt einander; wie ich euch geliebt habe, so sollt auch ihr einander lieben. Daran sollen alle erkennen, daß ihr meine Jünger seid, wenn ihr Liebe habt zueinander“ (Joh 13, 34f).
Dieses Gebot ist für den Menschen schlechterdings unerfüllbar, es sei denn, Jesus selbst gießt uns seine Liebe ein. Aus uns heraus haben wir diese Liebe nicht! Jeder kann nur lieben mit seiner kleinen Liebe, in der – ohne daß wir selbst dessen gewahr werden – Egoismus gut getarnt mitschwingt.
Wollen wir diesem Gebot nachkommen – und darum müssen wir uns wohl mühen, stellt es doch das Erkennungszeichen des Jüngers dar –, müssen wir in der lebendigen Verbundenheit mit Jesus bleiben, denn die Frucht dieser

Liebe kann eben nur jener bringen, der als Rebe am Weinstock bleibt (vgl. Joh 15).

Jede Teilnahme am eucharistischen Mal verbindet uns dichter mit Christus und untereinander und läßt seine Liebe in uns zunehmen.

So stehen Abschiedsgebot und Abschiedsgeschenk in enger Verbindung: Das Gebot kann nur von dem befolgt werden, der aus der Kraft der eucharistischen Speise lebt, der sich vom Herrn selbst stärken und erfüllen läßt; der mit ihm auch seine Kraft zu lieben in sich aufnimmt und auszugeben bereit ist.

Ist jemandem dieser Weg verschlossen, dann wird Gott ihn gewiß auf eine andere Weise in diese Richtung zu begaben wissen, vorausgesetzt der Betreffende streckt sich danach aus.

Kommunion ist nicht ein unverbindliches Geschehen zwischen Christus und „einer Seele"! Sie ist Anruf und Befähigung zur Tat; in der rechten Weise vollzogen, drängt sie zur Weitergabe. Ihn, den wir in uns aufnehmen, sollen wir ausgeben; ihn, der sich uns schenkt, sollen wir verschenken; ihn, der in uns lebt, sollen wir „ausleben".

Der Herr will präsent bleiben in jenen und durch sie, die sein Wort hören und befolgen: „Tut dies zu meinem Gedächtnis" (Lk 22, 19).

Der Gemeindegottesdienst ist die Quelle, aus der wir die Fähigkeit, uns liebend an die Mitmenschen zu verschenken, beständig schöpfen und lebendig erhalten.

Wir dürfen vom Mitvollzug der Eucharistie viel mehr erwarten, als wir es üblicherweise zu tun gewohnt sind.

Die Gemeinde lebt von der Eucharistie und wird durch sie auferbaut. Sie ist auch der Ort, wo der einzelne zugerüstet wird für seine speziellen Aufgaben innerhalb der Gemeinde. Wir könnten den Kommunionempfang dadurch effektiver

werden lassen, daß wir dem Herrn alle Räume unseres Seins, einschließlich des Unter- und Unbewußten, anbieten, und ihn bitten, uns ganz zu erfüllen, uns ganz zu durchströmen und alles wegzunehmen, was sein Einwohnen in uns stört oder vermindert. Dieser Begegnung mit Christus in der Eucharistie kommt die jeder Begegnung innewohnende Kraft in einer dichten Weise zu. Existentieller Mitvollzug der Gemeindeliturgie entläßt uns jedesmal ein wenig gewandelt: fähiger, unserem Lebensauftrag gerecht zu werden. Und dieser Auftrag ist geradezu schwindelerregend:
In uns will sich die Menschwerdung Gottes, die in Jesus ihren Höhepunkt findet, weiter fortsetzen.
Durch uns will Jesus wieder zum Aufleuchten kommen. Epiphanie Gottes zu sein, sind wir berufen.
In uns möchte Jesus wieder Gestalt annehmen und sein Erlösungswerk weiterführen.
Wir haben den Auftrag, Christus präsent zu halten in der Welt, durch „Güte und Menschenfreundlichkeit" (vgl. Tit 3, 4).

Sind wir Sünder?

„Für mich unmöglich, dazu eigne ich mich nicht", wird mancher meinen und dabei an seine Fehler und Unzulänglichkeiten denken. Sie allerdings stellen kein Hindernis dar.
Das Wort Jesu gilt uns allen: „Ich bin nicht gekommen, die Gerechten zu berufen, sondern die Sünder" (Mt 9, 13).
Unsere Fehler können nicht als Ausrede gelten, es sei denn, wir halten an ihnen fest und scheuen den neuen Aufbruch, zu dem wir täglich gerufen sind.
Ist es nicht großartig: jeden Tag, ja jeden Augenblick dürfen wir neu beginnen! Seine Güte ist jeden Morgen neu!

„Und wären deine Sünden rot wie Scharlach, ich will sie weißer machen als Schnee!“ (Jes 1, 18)
An uns liegt es, die angebotene Vergebung in Anspruch zu nehmen. Gott ist bereit, vollständig zu verzeihen. Bei seiner Weise zu verzeihen, bleibt kein Rest.
Es fällt uns nicht leicht, an die Totalität der Vergebung Gottes zu glauben, weil unsere Weise, einander zu verzeihen, meist ganz anders aussieht.
Wir vergeben einander, aber vergessen können wir oft nicht, was der andere uns angetan hat, und bei Gelegenheit steigt das längst Vergebene mit der ganzen Bitternis in uns hoch. Und ehe wir uns versehen, ist uns eine verletzende Bemerkung darüber entschlüpft.
Gott vergibt anders. Er verzeiht total.
An uns liegt es, mit unserer Schuld zu ihm zu kommen.
Ich weiß, man redet heute nicht gerne von Schuld und Sünde. Zu häufig und zu schnell war man in der Vergangenheit mit der Etikette Sünde zur Hand.
Mit Unbehagen erinnere ich mich diesbezüglich an meine Kindheit. Der Weg zu Gott erschien mir wie ein Hindernislauf. So gerne wollte ich ein gutes Kind sein, aber es gelang mir einfach nicht. Ehe ich mich versah, hatte ich wieder ein Gebot übertreten oder mir gar eine der Hauptsünden zugezogen. Dazu genügte ein Anflug von Neid oder Zorn oder auch nur eine kleine Eitelkeit. Nie war ich während meiner Kindheit meines Gotteskindseins froh. Angstvoll überlegte ich allabendlich, ob ich doch noch im Stande der Gnade sei, denn die Möglichkeiten, in eine Todsünde zu fallen, erschienen mir vielfältig. So lebte ich in einer ständigen Angst vor der Sünde.
Aus zahlreichen Gesprächen mit Erwachsenen weiß ich mittlerweile, daß es nicht mir allein so ergangen ist.
Heute scheint das Pendel in die entgegengesetzte Richtung

auszuschlagen. Man will überhaupt nichts mehr von Sünde hören. Bestenfalls spricht man von menschlichen Schwächen und Fehlern und bagatellisiert sie.

Wenn wir als Christen überlegen, ob es Sünde gibt und worin sie besteht, sollen wir nicht von der Gebotsübertretung ausgehen. Zu leicht entsteht die Meinung, die Möglichkeit zu sündigen hat das Vorhandensein eines Gebotes zur Voraussetzung. Wer so denkt läuft Gefahr, einer legalistischen, minimalistischen Haltung zum Opfer zu fallen. Allzu gerne sichert sich der Mensch ab und erfragt das äußerste Limit, um ja nicht des Guten zu viel zu tun.

Wollen wir darauf verzichten, Sünde von der untersten Grenze her zu fassen, gehen wir besser vom christlichen Lebensauftrag aus, dabei wird uns auch unsere Sünde ins Auge fallen.

Das Leben Jesu soll sich in unserem Leben weiter fortsetzen; durch uns will Jesus gegenwärtig bleiben in unserer Welt und Zeit.

Weil wir diesen Auftrag nicht oder zuwenig ernst nehmen, sündigen wir. So kann der Herr in uns nicht oder nur sehr schwach zum Aufleuchten kommen. Dadurch erschweren oder verstellen wir andern den Zugang zu ihm.

Durch unsere Lauheit, unseren mangelnden Glauben, unser fehlendes Engagement verzeichnen, entstellen, karikieren wir Jesus.

Wir sündigen, weil unsere Beziehung zu ihm zu dürftig, zuwenig lebendig, zuwenig herzlich ist. Unsere Sünde ist Beziehungsstörung. Und die Beziehungsstörung in Richtung Gott wird zur Beziehungsstörung in Richtung Mitmenschen.

Ich betone das vor allem deshalb, weil man heute Sünde – sofern man sie stehen läßt – auf das Schuldigbleiben der Liebe im mitmenschlichen Bezug einengt. Dabei übersehen

wir die untrennbare Verknüpfung zwischen Nächstenliebe und Gottesliebe. Nur wenn wir uns die Liebe Gottes ständig neu schenken lassen, werden wir auch für die Mitmenschen das notwendige Liebespotential aufbringen. Das tun wir zuwenig, darum geht uns auch der „Atem der Liebe" so schnell aus! Unsere Sünde besteht in der Beziehungsstörung mit Gott, wobei diese Störung die andere auslöst.
Daher müssen wir für „Entstörung" sorgen und das jeden Tag aufs neue. Buße nennen wir diese Entstörung. Sie tut uns immer wieder not und gut.
Wir bräuchten wohl im Laufe unseres Lebens mehr Sensibilität im Hinblick auf alles, was sich als Beziehungsstörung einstellt. Wir sollen uns darin einüben, sofort eine Entstörung einzuleiten, damit die Störung nicht zur Zerstörung führe.
Wir müssen uns nämlich dessen bewußt bleiben, daß unser Tun und Lassen, unser Denken und Urteilen – ob es gut oder schlecht ist – Wellen schlagt, die den andern tragen und heben oder aber hineinziehen und verderben. Wir sind so sehr in den sozialen Bezug eingebettet, daß unsere Weise, Christ zu sein, dem andern zum Glück oder Unglück, zur Hilfe oder zum Schaden, zur Rettung oder zum Untergang wird.
Daher ist es für die Menschen um uns herum beispielsweise nicht gleichgültig, ob wir unsere Beziehung zu Gott im Gebet lebendig halten oder nicht. Gebet ist demnach nicht Privatsache! Wir schulden es uns selber und den anderen! Der betende Mensch hat mehr „Lichteinfall", ist mehr von Gottes Liebe durchsonnt und vermag daher auch den anderen mehr Licht und Liebe zu erweisen.
(Sollte das in der Praxis nicht der Fall sein, stimmt etwas mit dem Beten nicht!)

Beichte – Geschenk des neuen Anfangs

In diesem ständigen Mühen um Beziehungsentstörung kommt dem Sakrament der Buße eine entscheidende Rolle zu. Die sakramentale Buße ist die dichteste Form der Buße überhaupt, zumal sie Begegnung mit dem verzeihenden Herrn schenkt.

Daß dieser Höchstform zahlreiche Bußschritte vorausliegen, die nicht übersprungen werden können, liegt in der Natur der Sache. So müssen wir an Ort und Stelle gutmachen, was wir gefehlt haben, ehe wir das Sakrament empfangen. In diesem schließlich setzt sich der Beichtende dem Herrn aus und erfährt von ihm die wandelnde Berührung. So kann er als Gewandelter mit neuer Lauterkeit und Klarheit seinen Lebensauftrag weiter ausleben. Der sakramentale Vollzug der Buße schenkt eine größere Durchlässigkeit und Transparenz.

Um bei früher entworfenen Bildern zu bleiben: das Rohrsystem wird gereinigt, die Oase neu bewässert, Kontaktstörungen im Stromkreis werden behoben, schadhafte Stellen in der Leitung werden ausgebessert, die kaputte Glühbirne wird ausgewechselt ...

Die Kommunikationsbarrieren mit dem Herrn und untereinander werden entfernt und dadurch ein neues Mit- und Füreinander ermöglicht.

So gesehen ist Beichte für den Christen – sofern er die Möglichkeit dazu hat – ebensowenig Privatsache wie das Gebet.

Nachdem jeder dem andern ein Höchstmaß an Liebe, an Heiligkeit (Heilsein!) schuldet, das wir aus uns selber nicht besitzen, müssen wir es uns eben immer wieder schenken lassen.

Beichte ist damit ein Geschenk im vollen Sinne des Wortes. Ein Geschenk, das uns stets neu aufleben, aufstehen, auf-

erstehen läßt. Nicht zufällig ist es uns am Tag der Auferstehung geschenkt worden.
Gewiß geht es dabei nicht um das Aufsagen eines Sprüchleins und um das Hersagen einiger Fehler in farblosen sterilen Formulierungen.
Die Beichtunlust mancher Erwachsener stammt nicht selten aus der religionspädagogisch nicht gerade geschickten Beichtvorbereitung, wie sie lange gehandhabt wurde.
Der Hauptakzent lag auf Beichtenlernen und der Blick auf das Eigentliche wurde dabei verstellt. Die Aufregung war größer als die Freude; die Erleichterung nachher bezog sich nicht auf den geschenkten neuen Anfang, sondern darauf, das man Beichte wieder einmal hinter sich gebracht hatte.
Versuchen wir wieder Zugang zu finden zu diesem Heilszeichen, lassen wir uns das Angebot des Herrn im Sakrament des neuen Anfangs nicht entgehen. Nützen wir den Schwung der neuen Freude, die jede Beichte in sich birgt.
Dann allerdings brauchen uns auch unsere Sünden weiter nicht zu belasten; sie werden uns nicht hindern an der Verwirklichung des Lebensauftrages, weil wir – sensibel geworden für Beziehungsstörung – um Entstörung ständig bemüht bleiben.
Und so kann uns der Herr all das schenken, was uns fehlt, um ihn strahlend und überzeugend darzustellen.
Die Ausrede, daß wir Sünder sind und daher für die Verkündigung Jesu durch unser Leben nicht in Frage kommen, gilt demnach nicht.

Ich habe keine Zeit

Aber da zeigt sich schon ein anderes Hindernis, die fehlende Zeit. „Ich habe wirklich keine Zeit“, wird mancher sagen,

„ich kann mich mit all dem nicht in dem Maß beschäftigen, wie ich sollte. Ich bin zeitlich voll ausgelastet!"

Was ist das doch für eine heillose Situation, in die wir hineingeschlittert sind! Sie erinnert fast an Besessenheit. Wir sind tatsächlich vom Zeitdruck besessen! So sind wir hin- und hergezerrt von einem Termin zum andern, und werden zerrieben.

Überlegen wir einmal nüchtern: Wieviel Zeit wird uns wohl noch zugestanden werden? Wahrscheinlich ist es später als wir denken. Voll Anspannung und Hektik sind wir nahezu Tag und Nacht auf den Beinen, um unser „Überleben" zu sichern.

In unserer Betriebsamkeit sind wir Kindern ähnlich, die ob des Herräumens der Spielsachen nicht zum Spielen kommen; oder jener Hausfrau, die vor lauter Wohnung putzen nicht zum Wohnen kommt; wir verhalten uns wie ein Reisender, der überm Einpacken die Abfahrt verpaßt; wir ähneln dem Hamster, der in der Sorge um den Vorrat mit vollen Backen aufs Fressen vergißt und verhungert.

Hier gilt uns das Wort des Herrn: „Wer sein Leben liebt, verliert es; wer aber sein Leben in dieser Welt haßt, wird es bewahren bis ins ewige Leben" (Joh 12, 25).

Während wir hektisch um unser Leben besorgt sind, laufen wir Gefahr, es zu verlieren. Wir gebärden uns, als müßten wir uns für mindestens 1000 Jahre hier einrichten. Dabei geben wir uns eine Wichtigkeit, als hinge der Bestand der Welt von uns ab.

Das wahre Leben beginnt erst in der Gemeinschaft mit dem Herrn; dort, wo der Mensch sich Jesus übergibt und sich von ihm leben läßt im Sinne des heiligen Paulus: „Nicht mehr ich lebe, Christus lebt in mir" (Gal 2, 20).

Solange wir unser Christentum nicht in dieser Totalität leben, sondern lediglich die ausgefahrenen Bahnen unseres

Gewohnheitschristentums nachziehen, erleben wir kein Befreitsein zur Hoffnung! Solange wir den „Dornröschenschlaf“ unseres Christseins weiterschlafen, bleibt uns die Dimension der christlichen Lebenswirklichkeit verborgen. Wer bereits erwacht ist, mag aufstehen und die Schlafenden „wachküssen“, damit sie dem Leben wieder geschenkt werden.

Solange wir Gott nur den kleinen Finger geben, erfahren wir uns nicht geführt. So tasten wir unsicher nach Halt und greifen ins Leere. Solange wir das „Zepter“ nicht aus der Hand legen wollen, erleben wir nicht, daß der Herr Regie führt; überdies besser als wir selbst es je vermöchten!

Solange unsere Beziehung zu Jesus sachlich und wenig herzlich, gewohnheitsmäßig und wenig spontan, abgestanden und wenig lebendig ist, wird auch unser Herz nicht „warm“ beim Gedanken an ihn; deshalb zünden wir nicht und sind außerstande, andere für ihn zu erwärmen.

In der Offenbarung des Johannes findet sich ein Brief an die Gemeinde von Laodizea; er greift dieses Problem auf und könnte ohne weiteres an eine der Christengemeinden heute adressiert sein: „Dies spricht, der ‚Amen‘ und der Ursprung Gottes: Ich kenne dein Tun. Du bist weder kalt noch heiß. Wärest du doch kalt oder heiß! Weil du aber lau bist, weder heiß noch kalt, will ich dich ausspeien aus meinem Mund . . .“ (Offb 3, 14–22).

Lassen wir uns vom Heiligen Geist, der wie Feuer wirkt, durchglühen, damit das harte Wort: „Ich will dich ausspeien aus meinem Munde“, nicht auch uns gilt.

Entscheidung für Jesus

Vielleicht müßten wir damit beginnen, eine ernste, klare Entscheidung für Jesus Christus zu treffen.

Diese Forderung mag für jemanden, der innerhalb der Kirche aufgewachsen ist, befremdend klingen, hat er doch Schritt für Schritt alle Stationen des Glaubens anhand gläubiger Eltern und innerhalb einer christlichen Gemeinde mitvollzogen. Dennoch ist gerade für ihn eine Entscheidung für Christus notwendig, zumal er nicht selten im „trägen Strom" des gewohnten christlichen „Fahrwassers" dahintreibt. Sei es, daß die Möglichkeiten, die die Kirche uns anbietet, ungenützt an uns vorbeigehen; sei es, daß der persönliche Kairos, der günstige Augenblick, sich nicht mit dem offiziellen Angebot deckt; sei es, daß wir mit dem Mund ein Taufversprechen erneuern, mit dem Herzen jedoch anderweitig „versprochen" sind.

So muß man beispielsweise in Kenntnis der kindlichen Psyche sagen, daß eine Entscheidung für Jesus im Kindesalter nur punktuell sein kann. Das Kind ist unterwegs zu sich selbst und noch nicht imstande, sich in eine Entscheidung einzubringen. Demnach hat die Taufversprechenserneuerung anläßlich der Erstkommunion keinen Entscheidungscharakter.
Auch der pubertierende Jugendliche ist für eine personale Entscheidung nicht reif. Ihm ist der „Boden" weggegangen. Im Schwebestadium zwischen Kindheit und Erwachsenenalter ist man auch nicht fähig, eine so bedeutsame Entscheidung zu treffen. Selbst die Firmung, oft als Sakrament der Mündigkeit bezeichnet, kommt verfrüht, weil eben der im Durchschnitt zwölfjährige Firmling weder mündig noch entscheidungsfähig im Vollsinne ist.
Geht man aus von der entwicklungsspezifischen Situation, bietet sich die Adoleszenz als Alter der Entscheidung an. Der junge Mensch an der Schwelle ins Erwachsenenalter streckt sich aus nach einer gültigen Wertordnung und ist

bereit,sich festzulegen, sich ganz zu engagieren, wenn es sich nur lohnt.

Es kommt nicht von ungefähr, daß sich insbesondere Siebzehn-, Achtzehnjährige Sekten anschließen, die von ihren Mitgliedern totalen Einsatz und Ganzhingabe fordern. Man denke dabei nur an die Initiativen der Mun-Sekte (Kinder Gottes genannt).

Gerade idealgesinnte, einsatzfreudige und opferwillige junge Menschen sind es, die sich einer solchen Bewegung anschließen, weil sie im dort möglichen Totalengagement ein sinnerfülltes Leben zu finden hoffen. Diese Tatsache muß uns zu denken geben.

Der Jugendliche ist fähig und bereit zu einer personalen Entscheidung. Ausgerechnet für ihn haben die christlichen Kirchen kaum ein offizielles Angebot.

Die Adoleszenz wäre die Bestzeit für eine Firmung, gesehen als persönliche Entscheidung für Christus und als Geisttaufe im vollen Sinne des Wortes.

Ist diese Zeitwahl für die Spendung des Sakramentes aus verschiedenen Erwägungen heraus nicht akzeptabel, müßte man kirchlicherseits überlegen, welche diesbezüglichen Möglichkeiten sich anbieten ließen. Ich denke beispielsweise an eine nachgeholte, vertiefte Entscheidung, verbunden mit der Bitte, um ein erneutes Erfülltwerden mit Heiligem Geist. Gleichzeitig könnte seitens des jungen Ewachsenen die Übernahme einer Aufgabe innerhalb der Gemeinde und die offizielle Betrauung damit erfolgen.

Hier liegt eine pastorale Chance, die bisher ungenützt blieb. Überlegungen in diese Richtung anzustellen und realisierbare Konzepte auszuarbeiten, schienen mir – im Hinblick auf die Situation der Kirche in der nahen Zukunft – überaus wichtig.

Es scheint, daß hier die charismatische Bewegung einem

echten Bedürfnis nachkommt, indem sie junge Menschen aufruft zur Übergabe des Lebens an Jesus und zum Empfang der Geisttaufe.
Eine bewußte Entscheidung für Christus ist bedeutsamer, als man auf Anhieb meinen möchte. Die Übergabe des Lebens, verbunden mit der Bereitschaft zur totalen Verfügbarkeit für Jesus, macht das Wirken seines Geistes in uns erst in vollem Umfang möglich. Gott respektiert nämlich unsere Freiheit bis ins letzte. Erst in dem Maß, als wir uns ihm lassen, kann er uns seinen Geist überlassen.
In Verbindung mit der Geisttaufe kann eine solche Entscheidung auch heute noch zum Pfingsten für einzelne oder ganze Personengruppen werden. (Vgl. dazu Merlin Carothers, Ich suchte stets das Abenteuer, Verlag Johannes Fix.)
Gewiß, unser Leben mit Jesus hat in der Taufe seinen Anfang genommen. Da es jedoch nicht automatisch wächst, bedarf es der Entfaltung. Beim kleinen Kind sind es zunächst die Eltern, die dafür Verantwortung tragen und zuständig sind. Schließlich wird der Getaufte selbst mit zunehmender Reife und Einsicht für das Wachstum dieses Lebens sorgen müssen. Es ist Aufgabe jedes einzelnen, dieses „Angeld des neuen Lebens“ in uns – für die Vielen – zur Entfaltung zu bringen.

Geisterfahrung der Apostel

Ein entscheidender Schritt in diese Richtung wird dort gesetzt, wo jemand bewußt sein Leben Jesus übergibt und die Geisttaufe erbittet.
Diese ist eine innere Umwandlung. Was sie bewirkt wird deutlich, wenn wir auf die Geisterfahrung der Apostel zu-

rückgreifen. Betrachten wir die Freunde des Herrn vor und nach der Geistsendung, erkennen wir unschwer, daß sich eine enorme Wandlung vollzogen hat. Aus den zaghaften, ängstlichen Männern, die in der Gründonnerstagnacht in Ratlosigkeit und Verzagtheit stürzen, werden Zeugen, die voll Mut und Tatkraft den gekreuzigten, auferstandenen Herrn künden.

Wie schwierig, ja menschlich aussichtslos dieses Unterfangen damals war, können wir heute nur mehr schwer abschätzen. Dies nicht allein deshalb, weil die Botschaft als solche für die Gebildeten der damaligen Zeit absurd und unsinnig erschien. Es war schlechthin unzumutbar, jemandem zum Glauben an einen Gott, der am Kreuz stirbt und schließlich aufersteht, aufzurufen. Diese Botschaft löste bei den Weisen und Gelehrten Kopfschütteln oder Gelächter aus. Die Überbringer einer solchen Botschaft waren von vorneherein zum Scheitern verurteilt. Erschwerend kam hinzu, daß die Verkünder selbst für eine derart schwierige und anspruchsvolle Aufgabe nicht genügend gebildet und ausgebildet waren. Von einigen Ausnahmen abgesehen – war ihr Bildungsniveau gering; sie konnten sich auf keine angesehene Ausbildungsstätte oder Philosophenschule beziehen; sie konnten sich ferner auf keinen Meister berufen, es sei denn auf einen, der am Schandpfahl endete; es fehlte ihnen an Sozialprestige; sie verfügten über keinerlei Macht, Ansehen oder Mittel.

Nach menschlichen Kriterien ist Jesus in der Auswahl seiner Zeugen nicht gerade geschickt vorgegangen.

Mattäus berichtet uns, daß Jesus einmal sprach: „Ich preise Dich, Vater, Herr des Himmels und der Erde, weil du all das den Weisen und Klugen verborgen, aber den Unmündigen offenbart hast. Ja, Vater, so hat es dir gefallen" (Mt 11, 25).

Offenbar will er auch mit der Auswahl der ersten Zeugen sagen: Nicht eure Kraft, Weisheit und Beredsamkeit machen euch tauglich für meinen Dienst; nicht euer Geist ist es, der euch dazu fähig macht, allein die Kraft meines Geistes und sie kommt in der Schwachheit zur Vollendung!
So taten die Apostel das einzig Richtige, als sie sich nach der Himmelfahrt des Herrn im Gebet zusammenfanden, um seiner Verheißung entgegenzuharren.
In der Tat, nach der Geistsendung sind die ersten Zeugen wie ausgewechselt. Sie sind umgewandelt, neugestaltet. Wie war das möglich?
Der Heilige Geist, von dem Jesus zum Abschied sagt: „Ich werde euch nicht verwaist zurücklassen ... (Joh 14, 18). ... Der Beistand, der Heilige Geist, den der Vater in meinem Namen senden wird, er wird euch alles lehren und euch an alles erinnern, was ich euch gesagt habe“ (Joh 14, 26), hat die Apostel erfüllt und neugeschaffen.

Geistsendung als Feuertaufe

Die Kraft des Gottesgeistes ist machtvoll und schöpferisch. Nicht zufällig wird sie uns als Feuererfahrung, als Feuertaufe beschrieben.
Feuer – weil eine Umwandlung vor sich geht, die einen Zusammenhang zeigt mit der wohltuenden Wirkung des Feuers: es schafft Licht und vertreibt das Dunkel; es entwickelt Kraft und spendet Wärme. Das Licht der Wahrheit geht den Aposteln auf, die Kraft des Auferstandenen ergreift sie und seine Liebe durchglüht sie. Klarheit, Mut und eine neue, alles überstrahlende Liebe bewirken, daß sie mit Begeisterung ein geistvolles Zeugnis – zur Überraschung aller – abzulegen imstande sind.

Sie erleben eine Umwandlung vom „alten Menschen“ in die „neue Schöpfung in Christus“.
Taufe – weil der alte Mensch gleichsam eingetaucht wird in den Kraftstrom des Gottesgeistes. Dabei werden die Berge des Hochmuts und der Selbstgefälligkeit fortgenommen und die Täler des mangelnden Glaubens und der fehlenden Liebe aufgefüllt.
Die Feuertaufe ist ein leerendes und füllendes Geschehen zugleich.
So wurde das Pfinstereignis zur Zäsur im Leben der Apostel. Nunmehr sind die ehedem furchtsamen und ganz und gar nicht tapferen Männer fähig, glaubhafte Zeugen für den gekreuzigten, auferstandenen Herrn zu sein.
Sie verbreiten seine Botschaft über ein Gebiet von enormer geographischer Größe; man lese einmal in der Apostelgeschichte nach und verfolge die angegebenen Reisen auf einer Landkarte.
Jesus hat seine Verheißung an seinen Freunden eingelöst. Vom Licht des Heiligen Geistes erleuchtet, durch die Kraft des Geistes ermutigt und von seiner Liebe durchglüht, können sie die in Klarheit erkannte Wahrheit nunmehr in Wort und Werk künden. In dieser Kraft, es ist die Kraft des Auferstandenen, setzen sie die Werke des Herrn fort.

Gehört nun die Zeit des machtvollen Wirkens des Gottesgeistes der Vergangenheit an, oder ist nicht die Zusage dieses Beistandes von zeitloser Aktualität und unbegrenzter Gültigkeit?
Ich wage zu behaupten, Christus wartet förmlich darauf – hier und heute, wo immer wir gerade sein mögen –, seinen Geist erneut auszugießen. Die Wirkung wird dieselbe sein, wie sie uns in der Schrift berichtet wird. Auch die Früchte des Geistes sind die gleichen, damals wie heute: „Liebe,

Freude, Friede, Langmut, Freundlichkeit, Güte, Treue, Sanftmut und Selbstbeherrschung" (Gal 5, 23).
Und wie wir sie brauchen, diese Früchte des Geistes!
Überdies sind wir nur als Geisterfüllte fähig, unserer Lebensaufgabe als Christen gerecht zu werden.
Beseelt vom Geist Jesu vermögen wir das Wirken Jesu weiter fortzusetzen. Durch uns wird der Herr sich weiterkünden; wird er weiterlieben, -heilen, -trösten;
durch uns wird er Not wenden, Leben schenken, Hoffnung bringen, Sinn geben, Böses überwinden, sein Reich kommen lassen;
durch uns will er wieder leben, sterben und auferstehen.
Dort, wo wir bereit sind, uns von Jesus gebrauchen zu lassen, wo wir uns ihm zur Verfügung stellen, beginnt ein Leben in neuen Dimensionen: Menschlich Unmögliches wird möglich, Ungeahntes wird wirklich.
Vom Heiligen Geist erfüllt und geführt beginnt das eigentliche Abenteuer eines Lebens voll Hoffnung und Zuversicht.
Dabei werden wir erfahren, daß der Herr seine Heilstaten fortsetzt, seinen Namen durch uns wieder einholt.
Wir dürfen alles vor ihn bringen, seine Weisung erfragen und der geschenkten Erkenntnis gemäß handeln. Dann mögen wir auch vertrauensvoll für einen Kranken um Heilung beten und uns vom Herrn überraschen lassen.
Die heilende, tröstende, befreiende und befriedende Kraft, die aus uns zu den andern strömt, wird umso wirkungsvoller, je mehr unser Ich abnimmt und der Herr in uns zunimmt. So soll nichts zwischen Christus und uns sein – nicht ängstliche Sorge, nicht Zweifel, noch Spannung –, wenn wir für jemand oder mit jemandem beten. Solange wir uns selbst dabei wichtig nehmen, hindern wir das Wirken des Herrn in uns und durch uns.
Wir dürfen die Verheißung Jesu in den Abschiedsreden

ernst nehmen: „Amen, Amen, ich sage euch, wer an mich glaubt, wird die Werke, die ich tue, auch selbst tun, und er wird größere als diese tun“ (Joh 14, 12).
Doch nicht bestimmte Werke sollen wir anstreben oder zu verrichten wünschen, eines nur sollen wir ersehnen und erbeten: daß der Herr in uns wachse, „alles andere wird uns dazugegeben werden“.
Lassen wir uns ruhig beschenken mit den verschiedenen „alten“ Geistesgaben, die heute wieder neu aufbrechen in den christlichen Gemeinden. Seien wir dankbar dafür. Wenn Skepsis oder Unbehagen uns beschleichen, gilt: „An ihren Früchten werdet ihr sie erkennen!“ Prüfen und behalten wir, was sich den Früchten nach als von Gott stammend erweist.

Den Alltag im Geiste Jesu leben

Das Leben im Geist ereignet sich in erster Linie in der Schlichtheit des Alltags. So müßten wir uns dort als Christen erweisen, wo wir mit schwierigen Menschen zu tun haben, zum Beispiel dadurch, daß wir die „Blößen“ des andern bedecken, umhüllen.
Oftmals verhalten wir uns anders. Haben wir die Schwachstelle – meist sind es ja mehrere – des Partners entdeckt, trachten wir, ihn dort zu treffen. Nicht, daß wir damit anfingen, natürlich nicht, nur als Antwort auf seinen Angriff, versteht sich! Versuchen wir einmal bewußt, die „Nacktheit“ des Partners dadurch zu „bekleiden“, daß wir ihn in ein liebevolles Gebet einhüllen. Im Augenblick des Unmuts über das kränkende oder lästige Verhalten des andern kommt uns für gewöhnlich die Wut – die berechtigte, wie wir überzeugt sind –, der wir je nach Temperament und

Laune freien Lauf lassen. Abreagieren nennt sich das. Und es sei gut, sagt man, denn es verhindert die Ansammlung von Aggressionen. Also wirft man sich aggressionsabbauende Worte – hoffentlich nicht Gegenstände – an den Kopf – wenigstens in Gedanken!

Probieren wir es doch einmal in eben diesem Augenblick, für den andern zu beten, etwa: „Gott, segne ihn!" Erinnern Sie sich – Lichteinfall wird dadurch möglich! Für Sie persönlich und für den Partner. Ich bin davon überzeugt, daß das einfallende Licht, das Feuer des Heiligen Geistes, imstande ist, auch die sich ansammelnden Aggressionen aufzulösen.

Gemeint ist mit dieser Vorgangsweise keinesfalls, daß man die Untugenden und Fehler des Partners einfach tolerieren und alles stillschweigend einstecken soll. Man wird in allen Schwierigkeiten des Zusammenlebens um ein klärendes Gespräch in entspannter Atmosphäre bemüht bleiben und bei gegenseitigem guten Willen läßt sich tatsächlich manches bereinigen, vermeiden, abstellen.

Das betende „Einhüllen" ist gedacht als helfende „Sofortmaßnahme", die bewußt darauf verzichtet, den Partner in eine Richtung festzulegen, wie etwa durch die „fromme Bitte": „Gott, zeig ihm doch, wie unmöglich er ist!" Sozusagen uneigennützig setzt der Betende den andern dem Geisteseinfall Gottes aus.

Gewiß, in der Theorie ist das – den Glauben vorausgesetzt – einfach und klar. In der Praxis ist es erheblich schwieriger. Aus sich heraus und auf die eigene Kraft gestützt, ist es kaum möglich, in der Haltung liebevollen Wohlwollens die Spannung im Miteinander abzufangen; einfach deshalb, weil uns der „Atem der Liebe" ausgeht.

Beim Lebewesen Mensch ist der Selbsterhaltungstrieb naturgemäß so stark, daß er Gefahr läuft, zu überwuchern.

Aufgabe der Erziehung ist es, diesen Trieb beim Kind in die richtigen Bahnen zu lenken, ihm beizustehen, ihn richtig einzuordnen. Insbesondere in der kindlichen Frühphase sollte er nicht unterdrückt werden. Vielmehr sollen wir dem Kind zunächst helfen, sich zu behaupten, sich zu entfalten. Das Kind soll stark, mutig, entschlossen werden. Nicht zu früh soll man es zurückzutreten heißen, es könnte ungünstige Folgen haben. Unter dem Mäntelchen der Demut und christlichen Liebe verbergen sich mitunter – vielleicht ohne daß der Handelnde selbst dessen gewahr wird – Feigheit, Schwachheit, Furcht, mangelndes Durchsetzungsvermögen. Aus Feigheit jemand den Platz überlassen, ist nicht christlich!

Wir sollen dem Kind helfen, sich zu behaupten, gleichzeitig ihm jedoch auch die Augen öffnen für die berechtigten „Platzansprüche“ der Mitmenschen.

Stark geworden – mag es um Christi willen und geführt durch seinen Geist sich und seinen Platz verschenken. Dann geschieht es nicht mehr aus Schwäche oder Feigheit, sondern in Freiheit und in der Kraft und Liebe Christi.

Das Leben im Heiligen Geist ereignet sich mitten im Alltag. In die sogenannten gewöhnlichen Ereignisse und Begegnungen eines Tages hinein fällt erleuchtend, stärkend und erwärmend die Kraft des Gottesgeistes und wird offenbar durch einen Menschen, der sich von diesem Geist leiten läßt und daher in Wahrheit Kind Gottes ist. Als solches wendet er sich in „Güte und Menschenfreundlichkeit“ jedem zu, der ihm begegnet. Unbekümmert und heiter reicht er jedem die Gabe, derer er bedarf.

Nicht immer besteht diese Gabe in einem Stück Brot, einem Glas Wasser, einem Besuch im Gefangenenhaus oder in der Klinik. Es gibt eine Version dieser Werke der Barmherzigkeit, deren Realisierung vielleicht mühsamer, jedoch umso

lohnender ist: Reichen wir das kräftigende Brot der Anerkennung und des Ansehens jenem, der hungernd danach verlangt und in Gefahr ist, in eine Fehlhaltung zu schlittern; bieten wir den „Trunk der Freude“ dem, der dürstend in der wasserlosen Wüste der Freudlosigkeit wandert;
brechen wir durch unsere fraglose Liebe das Gefängnis dessen auf, der eingeschlossen im eigenen Ich festsitzt. Lieben wir ihn einfach heraus aus seiner „Zelle“ in die Freiheit.
Greifen wir dem offensichtlich Kranken – und wer von uns wäre vollkommen gesund in seinem Personalgefüge? Wer hat keine „wunden Punkte“? – nicht immer in die Wunden! Lassen wir es, die verletzten und verletzlichen Stellen immer wieder nach außen zu kehren! Vielleicht hat sich eben eine dünne Haut gebildet als erstes Anzeichen eines Heilungsprozesses. Stören wir ihn nicht durch ein gefühlloses Befühlen der wehen Stelle. Salben wir vielmehr die alten Wunden mit der wohltuenden Salbe großherzigen Übergehens durch heilsames Schweigen.

Das Abenteuer der Erlösung

Eine Vielzahl von Möglichkeiten und Gelegenheiten werden an uns herankommen, als Anspruch an unser Christsein, als Aufruf zur Realisierung dessen, was uns als Talent – ohne unser Zutun – mitgegeben wurde. Machen wir uns auf, geführt vom Heiligen Geist, unser Christsein „auszuleben“, damit die ihm innewohnende Kraft, Freude und Hoffnung frei werde als Zeichen der Erlösung, die in Wahrheit an uns geschehen ist.
Stellen wir unser „Licht nicht länger unter den Scheffel“! Wir tragen Verantwortung dafür, daß es allen im Hause

leuchte! Wir werden erfahren, daß alles, was in unserm Leben steht, unser Freuen und Leiden, unser Tun und Lassen, unser Arbeiten und Ruhen, verklärt sein wird durch seine Nähe: „Leben wir, so leben wir dem Herrn, sterben wir, so sterben wir dem Herrn; ob wir leben oder sterben, wir gehören dem Herrn!“ (Röm 14, 8).
Bleiben wir nur durch alles hindurch mit Jesus verbunden, dann wird auch alles uns mehr und mehr an ihn binden und mitten in der Bedrängnis werden wir uns gehalten und getragen erfahren. Leben wir doch nicht mehr allein! Der Herr selbst lebt unser kleines Leben mit und indem wir uns ihm öffnen, erhält unser Leben Anteil an dem seinen.
So setzt Gott in uns und durch uns seine Inkarnation fort. Während er mehr und mehr in uns Gestalt annimmt, wird unser Leben zunehmend durch ihn gestaltet und von seiner Kraft durchwirkt:
In unsere Schwachheit hinein entfaltet sich seine Kraft;
in unserer Ohnmacht kommt seine Allmacht zum Durchbruch;
unsere Verzagtheit wird von seiner Stärke überwunden und unsere Angst schwindet dahin in seiner Nähe.
Alles wird sich in unserem Leben finden, was zum Leben Jesu gehört hat – steht doch „der Jünger nicht über dem Meister“!
Wir werden dem Kreuz begegnen in seinen verschiedenen Weisen: als Schmerz, Enttäuschung, Mißverstandensein, Scheitern, Einsamkeit, Krankheit, Dunkelheit, Verlassenheit, Tod . . . Das Kreuz wird uns in seiner ganzen Schmerzlichkeit treffen, jedoch überstrahlt vom Licht des Ostermorgens, vom Sieg des Herrn über alle Dunkelheiten.
Inmitten aller Bedrängnisse werden „die Freude, die niemand von uns nehmen kann“ und der „Friede, der alles Begreifen übersteigt“, uns erfüllen. Mit unverwüstlicher Hoff-

nung begabt, werden wir die ausweglos erscheinenden Wegstücke zielbewußt und voll Zuversicht durchschreiten können.
Halten wir nur den Blick des Herzens auf Jesus gerichtet! Erwarten wir alles von ihm und erbitten wir es mit der „Unverschämtheit“ dessen, der sich geliebt weiß und liebt!
Vergessen wir nicht, alles Dunkle, in Liebe und Gemeinschaft mit dem Herrn durchgestanden, bewirkt wieder Erlösung; läßt sein Einwohnen in uns dichter und seine Strahlkraft überzeugender werden.
Wenn wir so inmitten der Bedrängnisse als Erlöste leben – weil in Gemeinschaft mit unserem Erlöser –, dann wirken wir mit an der Erlösung der Welt.
Auf diese Weise erhält unser Leben eine Wirkkraft und Bedeutung, die abzuschätzen uns gar nicht möglich ist. Eine ungeahnte Tiefe, ein letzter Sinn und eine neue Faszination kommen ihm zu.
Neue Dimensionen brechen auf, und während wir uns vom Heiligen Geist geführt aufmachen, sie zu realisieren, beginnt hier und jetzt schon das „Leben in Fülle“.
Befreit zur Freude und Hoffnung, wird unser Leben zum Abenteuer der Erlösung mit Jesus Christus.

Schlußwort

Meine lieben Freunde!

Es ist nicht übertrieben, wenn ich Sie nunmehr so nenne, sind wir einander doch beim Schreiben und Lesen dieses Buches sehr nahe gekommen. Und jetzt, da Sie die letzten Zeilen lesen, darf ich Ihnen auch sagen, daß ich Sie – schon während des Schreibens der einzelnen Kapitel – immer wieder dem „Lichteinfall" der Liebe Gottes ausgesetzt habe. So bin ich voll Zuversicht für Sie, weil ich daran glaube, daß der Herr Sie mit seinem Geist mehr und mehr erfüllen und beschenken wird.
In dem Maß, als der Herr seine Kraft in uns entfaltet, schwindet unsere Schwäche und wir können uns kraftvoll einsetzen für eine bessere Welt.
In dem Maß, als der Herr uns mit seiner Heiligkeit erfüllt, können wir zum Heil werden für unsere Mitmenschen und helfen, das Unheil, das sich allenthalben breit macht, zu bannen.
In dem Maß, als der Herr uns mit seiner Liebe durchströmt, können wir die Menschen um uns herum aus dem Tod der Einsamkeit, der Schuld und der Angst herauslieben in das Leben.
Wenn der Geist Jesu Christi sich unseres Geistes annimmt und uns begeistert, dann sind wir imstande, der Geistlosigkeit und dem Ungeist der Zeit geistvoll und daher wirksam entgegenzutreten.
Dann werden wir – Sie und ich – zum Zeichen der Hoff-

nung und des Heiles in der scheinbaren Hoffnungs- und Heillosigkeit unserer Tage; dann kann Gott seine Menschwerdung in uns fortsetzen und durch uns präsent bleiben in der Welt.

Leben Sie, mit Glaube, Hoffnung und Liebe begabt, in unbekümmerter Sorglosigkeit, heiter und gelassen, eingedenk des Wortes der Schrift: „Denen, die Gott lieben, gereicht alles zum besten."

Mit Ihnen unterwegs, geeint durch dasselbe Ziel und geführt durch denselben Geist, bleibe ich Ihnen betend verbunden.

Ihre Monika Nemetschek